WELCOME TO
CANADA'S
YUKON
THE MAGIC AND THE MYSTERY
LA MAGIE ET LE MYSTÈRE

Romano Schenk • Franz Six • Andreas Hutter

YUKON

DER RUF DER WILDNIS

BRUCKMANN

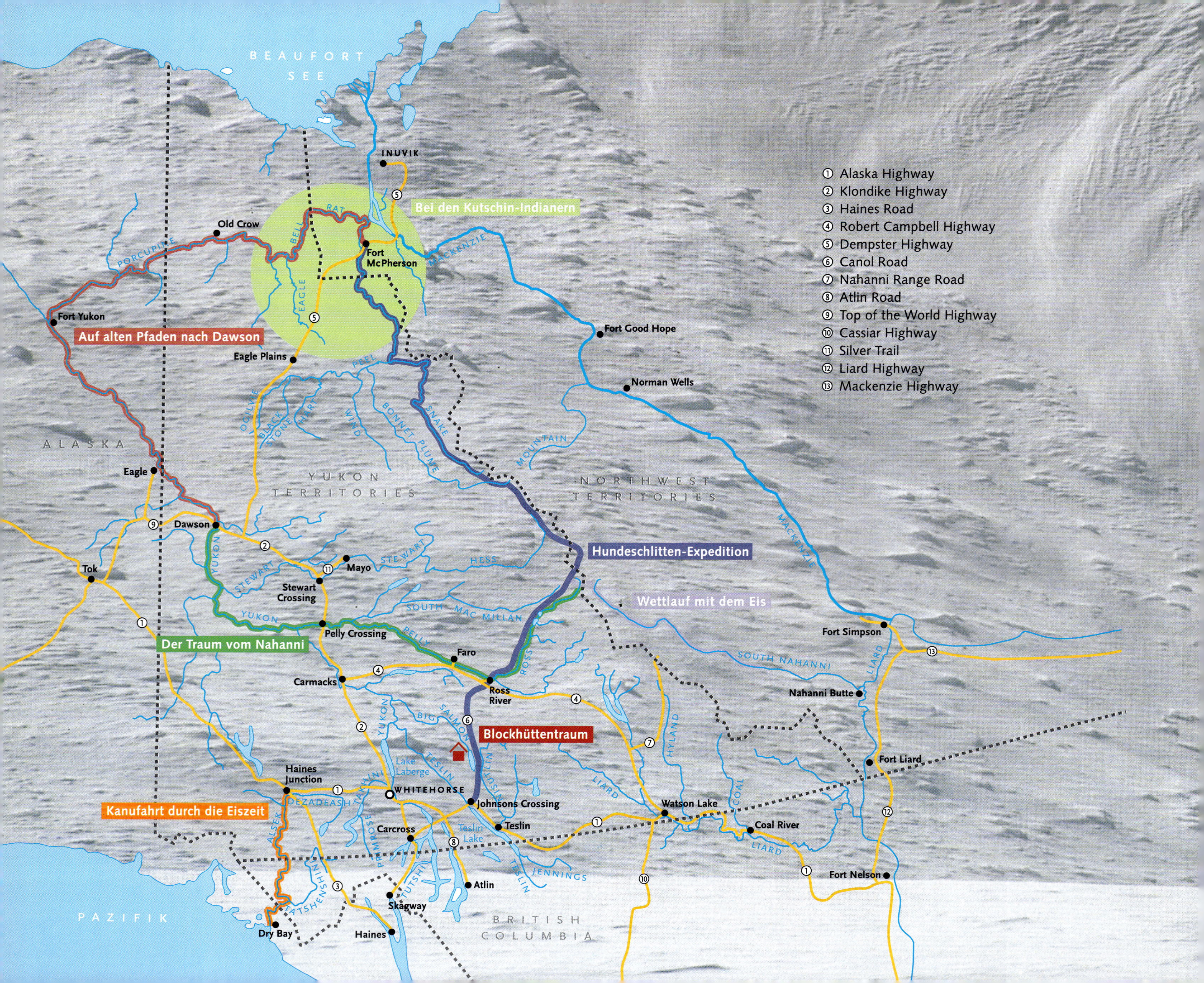

BEAUFORT SEE
INUVIK
Bei den Kutschin-Indianern
Old Crow
Fort McPherson
Fort Yukon
Auf alten Pfaden nach Dawson
Eagle Plains
Fort Good Hope
Norman Wells
ALASKA
Eagle
YUKON TERRITORIES
NORTHWEST TERRITORIES
Dawson
Tok
Mayo
Stewart Crossing
Hundeschlitten-Expedition
Wettlauf mit dem Eis
Pelly Crossing
Der Traum vom Nahanni
Faro
Carmacks
Ross River
Fort Simpson
Nahanni Butte
Blockhüttentraum
Haines Junction
WHITEHORSE
Johnsons Crossing
Fort Liard
Kanufahrt durch die Eiszeit
Watson Lake
Teslin
Coal River
Carcross
Atlin
Skagway
Fort Nelson
PAZIFIK
Dry Bay
Haines
BRITISH COLUMBIA
① Alaska Highway
② Klondike Highway
③ Haines Road
④ Robert Campbell Highway
⑤ Dempster Highway
⑥ Canol Road
⑦ Nahanni Range Road
⑧ Atlin Road
⑨ Top of the World Highway
⑩ Cassiar Highway
⑪ Silver Trail
⑫ Liard Highway
⑬ Mackenzie Highway

Inhalt

Zu diesem Buch

Was ist eigentlich das Magische am Yukon, das mich immer wieder anzieht? Was ist das Faszinierende, das mich im Jahr 1987 zum ersten Mal bewegt hat, dorthin zu fahren? War es dieses Grundgefühl von Ruhelosigkeit? Dieses Prickeln, das jeder spürt, der das erste Mal zu einem langen, einsamen Wildnistrip aufbricht? Ausschlaggebend war wohl meine Suche nach einer unberührten Natur, nach Abenteuer und Selbstbestätigung. Ich wollte mir selbst beweisen, dass ich in und mit der Natur leben kann. Ich wollte die Elemente spüren, wollte für drei Monate so leben wie die Indianer und das Land so erkunden, wie es die Pioniere vor zweihundert Jahren getan hatten.

Natürlich musste ich Kompromisse machen. Ich erreichte Whitehorse per Flugzeug und benützte das Straßennetz, um an den Ausgangspunkt der Touren zu gelangen. Doch auf meinen zahlreichen Trips bewegte ich mich meist so wie die Pioniere und Indianer, die die Flusssysteme hochgepaddelt waren, um über die Wasserscheide in ein unbekanntes Land vorzustoßen. Natürlich lebte ich nicht von der Natur wie die Ureinwohner, sondern brachte meinen Proviant mit. Doch wer einmal sein Kanu bei eisigen Temperaturen gegen die Strömung geschoben hat oder mit Schneeschuhen für sein Hundeschlittenteam eine Spur durch den tiefen Schnee gebuddelt hat, der bekommt eine Ahnung davon, wie es früher gewesen sein könnte, was die Ureinwohner und Pioniere alles geleistet haben.

Es ist ein unbeschreibliches Gefühl, so unterwegs zu sein: jeden Tag neue Entscheidungen zu treffen, sich nach der Natur zu richten und sich nach ihren Vorgaben zu verhalten. Es ist ein unbeschreibliches Gefühl, einmal für einige Wochen oder Monate ein Entdecker zu sein: nie zu wissen, wie und ob es weitergeht. Dies ist für mich der Reiz des Yukons: Das Leben dort ist auf ein Minimum reduziert. Hier zählt nur das Sein – der Schein verblasst. Hier lerne ich mich und meine Freunde schneller und besser kennen. Draußen in der Wildnis kann ich mir nichts vormachen. Die Natur entlarvt mich sofort, wenn ich mich überschätzt habe, und zeigt mir, wer meine wirklichen Freunde sind.

Hier im Yukon habe ich auch meine engsten und besten Freunde kennengelernt: Romano Schenk und Franz Six, die beiden Co-Autoren dieses Buches. Genau wie mich hat sie der Yukon nach der ersten Reise nicht mehr losgelassen, und genau wie mich fasziniert sie vor allem das einfache Leben in der Natur.

Die subarktische Tundra um die Tombstone Mountains hat sich rot verfärbt und kündigt das Herannahen des Winters an.

Der Dempster Highway führt 700 Kilometer durch die subarktische Tundra von Dawson nach Inuvik und ist die nördlichste Straßenverbindung Kanadas.

Nördlich des Polarkreises zeigt sich im Winter die Sonne nur noch für wenige Stunden, und im Dezember und Januar taucht sie für einige Wochen überhaupt nicht mehr auf.

In klaren Winternächten bestaunen wir die bunt leuchtenden Nordlichter

Ein Nordlicht zu fotografieren ist ein recht schwieriges Unterfangen. Da ich zwischen 30 und 60 Sekunden lang belichten musste, kam es vor, dass die Nordlichter in der Zwischenzeit wieder verblassten oder dass meine Kamera wegen der tiefen Temperatur den Dienst versagte.

Nur langsam erholt sich die Natur an der North Canol Road vom Waldbrand.

Die Itsi Range im Zentrum der Mackenzie Mountains.

Abendstimmung am Peel River.

Steifer Wind kündigt am Upper Bonnet Plume Lake einen Wetterwechsel an

Im September verfärben sich Bäume, Sträucher und Büsche und verwandeln den Yukon in ein Feuerwerk aus Farben.

Das zarte Januarlicht verwandelt den Bell River in eine Märchenlandschaft.
Linke Seite: Im Mai tauen im Yukon normalerweise die Flüsse und Seen auf.

Die MacMillan Planes im Grenzgebiet zwischen Yukon- und Northwest Territories.

Naturparadies am Polarkreis

»Belebter Flughafen« in der Nähe des Nahanni River. Rechte Seite: Die ersten Sonnenstrahlen tauchen die Blackstone Uplands in ein zartes Morgenlicht.

Das Yukon Territorium ist – gemessen an mitteleuropäischen Maßstäben – beinahe menschenleer. Auf einer Fläche, die mit 483 450 Quadratkilometern rund eineinhalb mal so groß ist wie Deutschland (356 970 Quadratkilometer), wohnen nur etwas weniger als 30 000 Einwohner, 24 000 davon in der Hauptstadt Whitehorse. Die restlichen 6000 sind in einigen kleinen Siedlungen über das ganze Territorium verteilt, einige wenige Indianer und einige Weiße wohnen auch noch draußen im Busch im Einklang mit der Natur. Sie leben vom Fallenstellen, von der Jagd und vom Fischfang und wohnen in kleinen Blockhütten oder einfachen Baumwollzelten. Der Rest des Yukons ist unverfälschte, unberührte Natur, und diese Natur ist so verschieden wie das Land groß ist. An der Westküste, an der Grenze zu Alaska, hängt der Nebel über dem üppig wachsenden Wald, der nur von den Gletschern unterbrochen wird, die aus den St. Elias Mountains bis ans Meer vorstoßen. In ihrem Zentrum steht der höchste Berg Kanadas, der knapp sechstausend Meter hohe Mount Logan. Dieses riesige Gletschermassiv speist zahlreiche reißende Flüsse wie beispielsweise den Alsek-River, der zu den eindrucksvollsten Strömen dieser Erde gehört. Nach dem vergletscherten Gebirge erstreckt sich Richtung Osten ein Waldgebiet, das von tausenden von Seen und Flüssen durchzogen ist. Weiter im Osten stehen die Berghänge der Mackenzie Mountains, die auch gleich die Grenze zu den Northwest Territories bilden. Sie sind der Ursprung der meisten Flüsse, die entweder nach Osten in den Yukon River oder nach Norden in den Mackenzie River fließen.

Im Norden des Yukons und in Höhenlagen über achthundert Meter wachsen keine Bäume mehr. Hier haben sich Flechten und Büsche an das raue Klima angepasst, trotzen dem langen Winter. Wenn sich im Herbst die Tundra in den herrlichsten Farben zeigt, dann kehrt der Indian Summer im Yukon ein, die schönste Jahreszeit im Norden. Das Wetter ist stabil, die Moskitos sind verschwunden, und Mensch und Tier genießen die letzten Sonnenstrahlen vor dem Winter. Dieser beginnt spätestens Ende September. Dann gefrieren die Flüsse und Seen, und die Natur erstarrt unter dem weißen Winterkleid. Die Temperatu-

Dall-Schafe im Kluane-Nationalpark.

ren fallen nun tief unter den Gefrierpunkt und können tagelang unter minus 50 Grad liegen. Erst im April werden die Tage wieder länger und die Temperaturen angenehmer. Bis der Schnee geschmolzen, die Seen und Flüsse wieder aufgetaut sind, wird es häufig Ende Mai oder gar Anfang Juni. Mensch und Tier tanken jetzt Energie für den nächsten Winter, der in drei Monaten schon wieder vor der Türe steht.

Trotz oder gerade weil im Yukon ein solch harsches Klima vorherrscht, hat sich eine spezielle Fauna und Flora entwickelt. In den tieferen Lagen und in geschützten Tälern entlang der Flussläufe stehen Eschen, Birken, Pappeln und massive Fichten. Hier, vor allem in den sumpfigen Abschnitten mit guter Unterwasserflora, ist der Lebensraum von Elch und Biber. Entlang der Flussläufe und Seen findet man eine artenreiche Population von Enten und Gänsen, die dort den Sommer verbringen. Auch der Weißkopfseeadler kommt in in diesen Gebieten überall vor. Je höher man an den Berghängen hochsteigt, desto kleiner werden die Fichten. Die Pappeln verschwinden gänzlich, die Birken und Eschen machen Büschen und Sträuchern Platz.

Von hier bis ins vegetationslose Gelände hoch in den Bergen, wo nur noch Flechten vorherrschen, finden wir die meisten Tiere. Im Frühjahr grasen die Bären an den Berghängen oder im Talgrund. Zur Zeit der Lachswanderung finden wir den Grizzly und die Schwarzbären entlang der Flüsse. Im Spätsommer klettern sie die Berghänge hinauf, um verschiedenste Arten von Beeren zu fressen, bevor sie sich im Oktober eine Höhle für ihren sechs Monate langen Winterschlaf suchen.

Vielfraß, Marder, Otter, Wiesel, Stachelschwein, Hase, Eichhörnchen, Fuchs, Kojote, Waldkaribu und Elch halten sich ebenfalls vornehmlich in diesem Gebiet auf. Das Hochgebirge ist der Lebensraum vom Dall-Schaf und der Bergziege. In der Nördlichen Tundra und bei den baumlosen Berghängen der Mackenzie Mountains leben große Karibuherden. Wölfe sind mit Ausnahme des Hochgebirges in allen Teilen des Yukons anzutreffen.

Bevor die Weißen den Yukon besiedelt hatten, lebten hier Indianer der unterschiedlichsten Stämme. Sie waren ausnahmslos Jäger, Fischer und Sammler. Ihr Leben richtete sich nach der Wanderung der Tiere. Im Sommer wurde gefischt, im Herbst und Winter gejagt. Sie führten ein Nomadendasein, kehrten aber meist wieder an dieselben guten Plätze zurück.

Als die ersten Händler den Yukon erreichten, änderte sich das Leben der Indianer auf einmal drastisch. Nun wurden Pelztiere gefangen und gegen Lebensmittel, Waffen und Alkohol eingetauscht. Nachdem am Bonanza Creek im Klondike Tal Gold gefunden wurde, war der Yukon plötzlich weltberühmt. Zwischen den Jahren 1897 und 1899 strömten tausende von Abenteurern nach Dawson in der Hoffnung, hier reich zu werden. Der Hauptstrom der Glücksritter gelangte per Schiff von Seattle nach Skagway. Von dort mussten pro Person mindestens tausend Kilogramm Ausrüstung und Verpflegung über die berüchtigten Golden Stairs hinauf zum Chilkoot Pass getragen werden. Ein beachtlicher Fußmarsch war es dann noch bis zum Ufer des Bennett Sees, wo die Goldsucher Holzboote gebaut hatten.

Am 29. Mai 1898, kaum war der Bennett See eisfrei, starteten über 20 000 Menschen in 7124 Booten in Richtung Dawson. Über die großen Seen gelangten sie in den Yukon. Der Miles Canyon und die Whitehorse Rapids waren allerdings für einige schon das Ende des Traums. Von hier, wo die heutige Hauptstadt des Yukons liegt, hatten die Abenteurer noch siebenhundert verhältnismäßig einfache Flusskilometer vor sich, bevor sie ihr Ziel, Dawson City an der Mündung des Klondike Rivers, erreicht hatten. Innerhalb von zwei Jahren verwandelte sich Dawson quasi aus dem Nichts in die größte Stadt nördlich von Edmonton. Zu ihrer Glanzzeit wohnten dort über dreißigtausend Personen. In den folgenden Jahren wurde um Dawson herum Gold im Wert von über vierhundert Millionen Dollar geschürft. Reich wurden dabei allerdings nur wenige – jene Glücklichen, die die besten Claims für sich abgesteckt hatten, und die Cleveren, die eine Bar, ein Hotel, einen Laden, eine Spielhölle oder ein Bordell eröffneten. Aber der Großteil der Abenteurer verließ Dawson schon einige Jahre später genauso arm, wie sie gekommen waren.

Nach dem Goldrausch wurde es ruhiger um den Yukon. Die Bevölkerung in Dawson sank auf unter tausend Einwohner, und der Yukon geriet in Vergessenheit. Erst als im Zweiten Weltkrieg der Alaska Highway gebaut wurde, rückte der Yukon wieder etwas näher an die Zivilisation im Süden heran. Einen Bevölkerungszuwachs wie im Jahr 1898 gab es aber nie wieder.

Dempster Highway entlang des Ogilvie River.

Eines der Relikte aus dem Goldrausch: die SS Klondike in Whitehorse am Ufer des Yukons.

Der Dempster Highway in den Blackstone Uplands

Am Abend gelingt es einem Rudel Wölfe, ein Karibu zu stellen und es zu reißen. Schon am nächsten Morgen ist vom Karibu nicht mehr viel übrig geblieben. Für den Grizzly ist es ein leichtes Spiel, die vollgefressenen Wölfe vom Kadaver zu vertreiben. In unserer Euphorie über dieses Naturschauspiel haben wir uns mit unseren Kameras zu nahe ans Geschehen heran geschlichen und damit die Territorialansprüche des Grizzlies verletzt. Verärgert kommt er bis auf fünf Meter an uns heran und verweist uns auf unsere Plätze zurück.

Elch, Schneehuhn, Weißkopfseeadler, Bergziege, Rauhfußhuhn, Streifenhörnchen, Dall-Schaf, Stachelschwein, Biber und Wolf haben es geschafft …

… sich dem harschen Klima des Yukons anzupassen und trotzen jeder auf seine Weise den langen Wintern.

Eine der ruhigsten Möglichkeiten, die Wildnis zu erforschen, ist das Kanu.

Aus nächster Nähe können wir am Ufer des Sandy Lake eine Elchkuh beobachten.

Wie die Pioniere und Entdecker unterwegs sein. Jeden Tag richten wir uns unter freiem Himmel ein neues gemütliches Zuhause ein.

Ausfahrt aus dem zweiten Canyon am Snake River.

Unterwegs in der herrlichen Bergwelt des Snake River.

Der Yukon ist das Paradies für den Wildwasserfreak. Kanufahrer, Kajaker und Rafter finden hier das Wasser ihrer Träume.

Unterwegs auf den Spuren der Goldgräber auf dem Yukon River.
Links: Gewitterstimmung am Ausfluss des Big Salmon Lake.

So groß wie das Land, so verschieden sind die Bewohner. Sie haben nur eines gemeinsam: Alle streben sie nach einem einfachen, unabhängigen und natürlichen Leben.

Das harsche Klima hat eine karge, aber nichtsdestotrotz faszinierende Landschaft hervorgebracht.

Nebelschwaden über dem Engeneer Creek.

Der im Abendlicht glänzende Unterlauf des Bonnet Plume River.

Zwei Lichtstreifen beleuchten die Ogilvie Mountains und den Ogilvie River.

Abendstimmung am South Nahanni River.

Kanufahrt durch die Eiszeit

Zwischen haushohen Eisschollen tasten wir uns vorsichtig voran.

Durch mein Fernglas suchte ich die Eisschicht des Lowell Sees ab. Dann schweifte mein Blick weiter. Die schroffen Eisabbrüche des Lowell Gletschers kamen in Sicht. Mein Auge folgte dem wirren Auf und Ab des Gletschers. Am fernen Horizont tauchten Berge auf, besser Eisriesen, bis fast sechstausend Meter hoch. Mein Blick schweifte zurück zum See und suchte erneut: Keine eisfreie Stelle, kein fahrbarer Kanal. Ich kontrollierte die andere Seite des Sees. Eine kurze Geröllwüste und dann die senkrechten Felswände des Mount Goatherd. Klar: Die einfachste Route führte über den gefrorenen See.

Neben mir auf dem Hügel saß Romano Schenk, mein Freund und Geschäftspartner und Co-Autor dieses Buches. Ihn kannte ich schon seit sieben Jahren. Hier im Yukon hatten wir uns kennengelernt. Die Vorliebe für außergewöhnliche Touren in der Wildnis hatte uns wenig später zusammengebracht. Romano ist, wie ich, fasziniert von der Idee, Touren ohne technische Hilfe aus der Luft durchzuführen, die Natur so zu sehen, wie sie die Indianer und Pioniere vor über hundert Jahren erlebt hatten. Obwohl wir uns schon Jahre kannten und wegen unserer gemeinsamer Vortragsreisen fast täglich zusammen zu tun hatten, war dies unser erster gemeinsamer Trip. Links von Romano saß Cyriak Steiner. Romano und Cyriak haben schon mehrere Winter zusammen im Yukon verbracht und sind wohl das eingespielteste Team, das man sich vorstellen kann. Gleich zu meiner Rechten lag Andres Seeberger, der mich schon auf mehreren Touren begleitet hatte, und den ich dabei als verlässlichen Partner schätzen gelernt hatte. Nach einem kurzen Wortwechsel waren wir uns einig: Der nächste Abschnitt unserer Kanutour sollte übers Eis führen.

Gestartet hatten wir die Tour vor zwei Tagen in Haines Junction, einem kleinen Dorf, hundertachtundfünfzig Kilometer von Whitehorse entfernt. Die Parkranger hatten uns gewarnt: »Mitte Mai ist zu früh um den Alsek zu befahren. Der Fluss ist vielleicht noch gefroren.«

Mit offenen Augen und Ohren hatten wir uns vorangetastet. Links und rechts des Flusses gab es zwar noch viel Eis, doch der Hauptstrom war immer eisfrei. Die Eis- und Steinwüste, durch die der Alsek verläuft, verengte sich mehrmals zu einer tiefen Schlucht, um dann wieder gigantisch

Über den gefrorenen Lowell Lake müssen unsere Kanus gezogen werden.

weit zu werden. Kurz vor dem Lowell Lake hatten wir angehalten und waren auf einen Hügel geklettert um den See zu begutachten. Zwei Tage später, nach einer faszinierenden Wanderung auf den Mount Goatherd, testeten wir die Eisschicht des Sees. Das Eis war dick genug. Mit vereinten Kräften zerrten wir die Kanus auf den gefrorenen See. Nun konnte die Wanderung beginnen. Trotz der relativ rauen Beschaffenheit der Eisoberfläche ließen sich die Kanus gut ziehen, vorbei an den dreißig Meter hohen Eisabbrüchen des Gletschers bis ans andere Ende des Sees.

Beim Ausfluss mussten wir uns immer öfter zwischen Eisschollen vorwärtsbewegen, bis der Fluss endlich eisfrei war. Doch nach gut drei Stunden konnten wir wieder paddeln. Der mit Sand und Gischt angereicherte Wind peitschte uns mit voller Stärke ins Gesicht. Bald realisierten wir, dass wir uns nicht vom Fleck bewegten.

»Wir müssen aussteigen und die Boote ziehen, sonst sind wir noch den ganzen Tag an dieser Stelle», schrie mir Andres entgegen. Ich konnte und wollte es nicht hören. Trotz Strömung bewegten wir uns keinen Meter flussabwärts. Der Abstand zu unseren Kameraden, die ausgestiegen waren und ihr Kanu durchs Wasser schoben, wurde immer größer. Endlich lenkte ich ein. Bis zu den Knien im Wasser zerrten wir unser Boot flussabwärts. Bald konnte ich meine Füße nicht mehr spüren.

Am liebsten hätte ich angehalten und ein Feuer gemacht. Doch in dieser Wüste aus Eis und Steinen gab es weder Windschutz noch Holz. Wir mussten weiter. Endlich änderte der Fluss seine Richtung, die Strömung wurde stärker, und wir konnten wieder paddeln. Bald würden die ersten schwierigen Wildwasserstellen auf uns zukommen. So durchfroren, wie wir im Moment waren, wollten wir unbedingt vorher campieren. Endlich, eine kleine Vertiefung mit Büschen verschaffte uns ein einigermaßen geschütztes Nachtlager.

Vor uns verschwand der Fluss scheinbar ins Bodenlose. Wir hatten die ersten schweren Stromschnellen am Alsek erreicht, paddelten an Land und besichtigten den Wildwasserabschnitt. Da die Temperaturen noch immer nur wenige Grade über dem Gefrierpunkt lagen, führte der Alsek noch kaum Schmelzwasser. Die Stromschnellen waren dementsprechend einfach. Nach einer eingehenden Besichtigung beschlossen wir, die Stellen mit allem Gepäck zu fahren – was wir bei Hochwasser sicher nicht gewagt hätten.

Mit den schweren Kanus wurde der wilde Ritt über die Wellen und Walzen zu einem spannenden Erlebnis. Mit aller Kraft versuchten wir, die Boote um die Gesteinsbrocken zu manövrieren. Oft schafften wir es nicht, die am Land besprochene Route zu paddeln, da die Boote einfach zu schwer waren. Zu einer Kenterung kam es glücklicherweise aber nie. Das war auch gut so, denn im nur zwei Grad kalten Wasser hätten wir trotz Kälteschutzanzug keine lange Überlebenschance gehabt.

Starker Gegenwind zwingt uns, die Kanus flussabwärts zu ziehen.

Noch am selben Abend erreichten wir den Fisher Gletscher – ein weiterer gewaltiger Gletscherarm, der sich bis weit in die St. Elias Mountains hineinzieht. Kaum war das letzte Eis des Gletschers verschwunden, da tauchte der Alsek einmal mehr in einen tiefen Canyon ein. Mitten im Canyon fanden wir einen schönen Lagerplatz und beschlossen, zu campieren. Kaum hatten wir die Boote an Land gezogen und das Material ausgeladen, da entdeckten wir auf der gegenüberliegenden Flussseite, höchstens fünfzig Meter entfernt, zwei Grizzlybären. Mein Herz pochte wie wild, und ich verspürte den Drang, diesen Ort möglichst schnell zu verlassen. Romano, der für seine Film- und Fotoprojekte diesen Tieren schon auf der ganzen Welt nachgestellt hatte, blieb erwartungsgemäß gelassen: »Kein Grund zur Panik«, meinte er, »hier bleiben wir. In diesem Nationalpark wimmelt es von Bären, und es macht keinen Sinn, nur, weil man gerade zwei gesehen hat, das Camp zu räumen. Wären die Bären fünfzig Meter weiter unten oder fünf Meter weiter im Gebüsch, dann würdest du dir keine Sorgen machen, da du sie nicht gesehen hättest.« Ich musste ihm Recht geben. Das flaue Gefühl im Magen blieb aber doch. Immer wieder schaute ich hinüber ans andere Ufer. Die Bären waren noch immer da, scherten sich allerdings überhaupt nicht um uns. Gegen Abend hatte ich mich ein wenig an unsere Nachbarn gewöhnt, doch so richtig wohl war es mir nicht. In der Nacht konnte ich trotz allem gut schlafen, und als am Morgen die Bären noch immer da waren und ich trotzdem noch lebte, war die Angst weg.

Im Verlauf des Tages sichteten wir sieben Pezzis – wir am Flussufer, an den Berghängen, auf dem Gletscher, ja selbst in den steilsten Felswänden und Canyons. Nachdem wir unser Auge etwas geschult hatten, verging kein Tag, ohne dass wir mindestens einen Bären zu Gesicht bekamen. Die Begegnungen waren allerdings immer problemlos, selbst als uns zwei junge Schwarzbären im Camp besuchten. Diese beiden neugierigen Kerle trampelten, als wir gerade beim Essen waren, bis drei Meter an uns heran. Sobald wir aber aufstanden, verließ die beiden der Mut, und sie rannten zurück in den Busch. Kaum hatten wir uns wieder gesetzt, da siegte die Neugier wieder über die Vernunft, und die Kerle kehrten zurück. Das wiederholte sich zu unserer Belustigung drei Mal. Erst dann suchten die beiden das Weite.

Nach einer Woche standen wir am Eingang des berüchtigten Turnback Canyons. Der Turnback Canyon ist einer der schwierigsten Wildwasserabschnitte auf unserer Erde. Er wurde erst von einigen wenigen Experten im Kajak befahren. Kein Mensch hat diesen Abschnitt je im Raft befahren. Auch uns war es klar, dass wir in dieser Schlucht nicht paddeln können. Neunundneunzig Prozent der Bootsfahrer auf dem Alsek überwinden diesen Canyon mit Hilfe eines Helikopters. Dass diese Lösung für uns keine Alternative

Andres Seeberger brät das legendäre Waldläuferbrot (Banok).

zum Befahren des Canyons war, verstand sich von alleine.

Zuerst besichtigte ich die ersten Stromschnellen im Turnback Canyon – schließlich wollte ich sicher sein, dass der Canyon auch bei Niedrigwasser für unsere Boote unfahrbar ist. Die Besichtigung bestätigte unsere Befürchtung. Nun trat Plan B in Kraft. Vor uns lag eine zehn Kilometer lange Portage über den Tweedsmuir Gletscher. Am nächsten Morgen packten wir uns je um die vierzig Kilogramm Material auf den Rücken und wanderten los.

Wir folgten dem flachen Gletscher für gut vier Stunden. Die schwere Last drückte auf den Schultern, und die Marschstrecken zwischen den Pausen wurden immer kürzer. Am Schluss mussten wir wieder zurück zum Fluss – was bedeutete, die Moräne zu überqueren. Geschlagene drei Stunden lang quälten wir uns Moränenhügel hoch und nieder, bis wir endlich, zu Tode erschöpft, den Fluss wieder erreichten. Da wir nur zwei Traggestelle hatten, beschlossen wir, den Rest der Ladung und die Boote in zwei Schüben zu holen.

Romano und Cyriac holten am darauffolgenden Tag eines der Kanus und einen

Teil des Materials. Schon nach acht Stunden waren sie zurück. Sie hatten einen kürzeren Weg direkt über die Moräne gefunden. Andres und ich holten am nächsten Morgen bei eisigem Wetter den Rest des Materials auf der gleichen Route und waren ebenfalls nach acht Sunden wieder zurück im Camp. Nun war der härteste Teil des Trips hinter uns. Nie mehr Boote tragen oder ziehen – das glaubten wir jedenfalls.

Nach dem Turnback Canyon folgte noch ein letzter schwerer Wildwasserabschnitt. Danach nahm das Tal des Alseks gigantische Ausmaße an. Riesige, eiszeitähnliche Gletscher mündeten direkt in den Fluss. Das beinahe schwarze Schmelzwasser ließ den Fluss zu einem gigantischen

Strom anschwellen. In viele Arme aufgeteilt, die oft bis zu einem Kilometer breit wurden, floss der Alsek wie ein überdimensionaler Lavastrom Richtung Meer. Die Strömung war reißend, und wir erreichten den Alsek Lake, den letzten See vor der Küste, in wenigen Tagen.

Vorsichtshalber unternahmen wir wieder eine Erkundungstour auf einen nahen Berg, um mit dem Feldstecher die Fahrroute zwischen den Eisschollen ausfindig machen zu können. Doch einmal mehr öffnete uns diese Erkundungstour die Augen: Schon nach wenigen hundert Metern strömte das Wasser vom Alsek River unter die Eisschollen, die durch eine dicke Eisschicht miteinander verbunden waren. Millionen von Eisstücken ragten aus dem gefrorenen See. Für uns war wider einmal eine Portage angesagt, die uns diesmal allerdings nicht mehr groß aus der Fassung brachte. Fasziniert beobachteten wir aus nächster Nähe, wie die Strömung des Alseks tonnenschwere Eisstücke wie Spielbälle unter das Eis drückte, wie sich Eisbrocken von der Gewalt der Strömung aufbäumten, in Stücke zerbrachen und mit Getöse unter Wasser gedrückt wurden.

Über Schneefelder zogen wir unsere Boote um den See, und eine letzte kurze Portage brachte uns auf die eisfreie Seite des Sees. Noch zwei Tage verbrachten wir am Alsek See. Ich konnte kaum glauben, dass diese riesigen Gletscher und gewaltigen Schneeberge keine zwanzig Kilometer von der Küste entfernt sind. Nur das satte Grün des Regenwaldes und der Küstennebel erinnerten mich daran, dass wir uns bloß wenige Meter über dem Meeresspiegel befanden.

Nach fünfzehn Tagen erreichten wir Dry Bay, ein kleines Fischerdorf an der Pazifikküste, dem Endpunkt unserer Reise. Innerhalb von zweihundertachtzig Kilometern hatte uns der Alsek von den höchsten Gipfeln in Kanada bis an die Küste getragen. Von Stein- und Gletscherwüsten bis zum Regenwald, und vom engen Canyon bis zur unendlichen Weite hatten wir gegensätzlichste Landschaftstypen gesehen, unterschiedlichste Schwierigkeitsgrade bewältigt – bei verschiedenstem Wetter. Doch was mich auf dem Alsek mit Abstand am meisten fasziniert hatte, das waren die Bären, die mir wohl für immer in Erinnerung bleiben werden.

Gespannt suchen wir unsere Fahrroute über den Alsek Lake.

Der gigantische Lowell Gletscher vom Mount Goatheard aus gesehen.
Links: Wilde Canyons und unendliche Weite wechseln auf dem Alsek River täglich.

Der Traum vom Nahanni

Hundertzwanzig Kilometer ziehen wir unser vollbeladenes Kanu gegen die Strömung. Linke Seite: Auf dem Yukon River holt uns der Winter ein zweites Mal ein.

Nahanni River of Dreams – das war der Titel des Buches, das mich, neben vielen Fotos und Berichten, zu der Nahanni-Tour animiert hatte. Ich wollte die tiefen Schluchten und die neunzig Meter hohen Virginia Falls in ihrem Winterkleid sehen, wollte die Seen und Berge hinter der Itsi Range erkunden, mir den Flug zu den Moose Ponds sparen und allein sein auf dem im Sommer hoch frequentierten Nahanni. Ich wollte und wollte und – hatte scheinbar eine Kleinigkeit vergessen ...

Das Datum meiner Uhr zeigte den zwölften September an, das Thermometer stand auf minus sechs Grad, am Himmel schwirrten neonfarbene Nordlichter. Al, ein Freund aus Whitehorse, der uns mit seinem Auto zum Sheldon Lake, dem Ausgangspunkt der Tour gebracht hatte, konnte uns nicht verstehen: »Hundertzwanzig Kilometer weit ein Kanu den verdammten Fluss hochziehen, noch dazu Anfang Winter, auf diese Idee kannst nur du kommen.« Mein Freund Andres Seeberger, der schon am Alsek mit von der Partie gewesen war, zuckte nur mit den Achseln, wechselte geschickt das Thema, und am nächsten Morgen verabschiedeten wir uns von Al. Als sein Truck verschwunden war, verstauten wir zweihundert Kilogramm Ausrüstung und Verpflegung für sieben Wochen sowie Überlebensmaterial für den Fall einer ungewollten Überwinterung in unserem Kanadier. Nach zwei Stunden war es geschafft, und es konnte losgehen: Mit kräftigen Paddelschlägen versuchten wir unseren Frachter gegen die immer stärker werdende Strömung des Ross Rivers zu paddeln. Am zweiten Tag wurde sie so stark, dass wir aussteigen und das Boot ziehen mussten. Schon bald wateten wir bis zu den Hüften im eiskalten Wasser und zerrten unser Kanu gegen die reißende Strömung. Gebeutelt von der Kälte und mit blauen Lippen erreichten wir nach einer Woche den John Lake.

Von hier – bildete ich mir ein - sollte es nun flach weitergehen. Am Ufer des John Lake beobachteten wir aus nächster Nähe, wie sich zwei Elchbullen um eine Elchkuh stritten. Wir hatten gerade die Kamera wieder eingepackt, als eine Gewitterfront aufzog. Kaum war unsere Plane aufgestellt, da goss es auch schon wie aus Kübeln. Wenig später ging der Regen in Schnee über, und am nächsten Morgen mussten wir erstmals unser Boot ausbuddeln. Die Seile und unser sämtliches anderes Material waren steif gefroren. Trotz des Schneetreibens und des bissigen Winds paddelten wir das kurze Verbindungsstück zwischen John Lake und Itsi Lakes hoch. Am hinteren Ende der Itsi Lakes richteten wir im Schneetreiben ein gemütliches Lager her. Hier wollten wir ausharren, bis das Wetter sich wieder besserte. Doch das Schneetreiben und vor allem der starke Wind hielten auch am nächsten Tag weiter an. Erst am Morgen des dritten Tages legte sich der Sturm, und gegen Mittag schien die Sonne. Ich beschloss, eine kleine Wanderung in die Itsi Mountains zu machen.

Ich war noch nicht weit hinaufgeklettert, da entdeckte ich zu meinem Entsetzen, dass der nächste See auf unserer Route mindestens vierzig Meter höher lag. Zudem sah ich keinen Fluss. Ich beendete die Wanderung und ging zurück ins Camp, um noch heute Klarheit darüber zu bekommen, ob wir mit dem Boot eine Chance hätten, in den oberen See zu gelangen.

Andres begleitete mich. Der Anfang der Itsi Lakes war schon gefroren. Mit dem Kanu durchbrachen wir die dünne Eisschicht. Als wir den kleinen Einfluss gefunden hatten, mussten wir enttäuscht feststellen, dass ein Durchkommen hier äußerst beschwerlich sein würde: Der Bach war nur ein klägliches Rinnsal und stürzte über mehrere Kaskaden in die Tiefe. Anschließend kletterten wir hinauf bis zum oberen Itsi Lake. Von dort gab es keine Flussverbindung zum Wilson Lake. »Das bedeutet mit Sicherheit eine Woche portagieren«, schoss mir durch den Kopf.

Wir gingen zurück zum Lager, um die Karten zu studieren: »Es muss einen anderen Weg geben«, meinte Andres. »Hinter den Seen ist ein kleiner Bach eingezeichnet; dieser verbindet den John Lake direkt mit dem Wilson Lake. Vielleicht ist der etwas größer und vor allem nicht so steil.«

Nach längerem Hin und Her entschieden wir uns, es zu versuchen. Am nächsten Morgen paddelten wir zurück zum John Lake und nahmen die andere Abzweigung. Tatsächlich, der Fluss hatte eine annehmbare Größe. Aber die Höhendifferenz war auch hier zu bewältigen: Stundenlang planschten wir in gewohnter Manier den Ross River hoch, über ungezählte Stromschnellen, die teilweise so steil waren, dass wir Boot und Material umtragen mussten. Erst nach zwei Tagen glättete sich der Fluss und wir hatten den Wilson Lake erreicht. Eine kalte Nacht erwartete uns. Das Thermometer zeigte minus zwölf Grad. Am nächsten Morgen waren die Ränder des John Lakes gefroren. Uns wurde mulmig zumute.

In den nächsten Tagen wurde der Ross River immer kleiner, und an den Rändern bildete sich weiterhin stellenweise Eis. Zwei Tage später waren wir noch vier Kilometer von der Wasserscheide entfernt. Eigentlich hätten wir also allen Grund zum Feiern gehabt. Doch die Temperaturen waren nun so tief gefallen, dass wir uns ernsthaft Sorgen um das Gelingen unserer Tour machen mussten. Am Abend stand das Thermometer dann schon auf minus sechzehn Grad. Tendenz: sinkend.

Den Kopf voller Gedanken hatte ich schlecht geschlafen. Am nächsten Morgen sah die Realität allerdings noch schlechter aus, als meine nächtlichen Träume vermuten ließen. Der Ross River war an den Ufern mit einer meterbreiten Eisschicht

überzogen. An ruhigen Stellen war er ganz zugefroren, und zu allem Elend kamen unaufhörlich Eisschollen den Bach hinunter. Wir beriefen eine Krisensitzung ein und kamen beide zu dem Schluss, dass wir so schnell wie möglich umkehren müssten. Schweren Herzens sahen wir also nach einer zweiwöchigen Tour, nur wenige Kilometer von unserem Ziel, dem Nahanni, entfernt, ein, dass sich die Zeichen der Natur nicht ignorieren ließen. Wir dachten an den Titel des Buches, das uns hierher geführt hatte, und auf einmal offenbarte sich uns auch sein Sinn: »›Nahanni River of Dreams‹ – genau das wird er für uns auch bleiben, zumindesten für dieses Jahr«, bemerkte Andres niedergeschlagen.

Flussabwärts kamen wir erwartungsgemäß flott voran. Am Abend hatten wir den gefrorenen Wilson Lake erreicht. Wir durchbrachen die dünne Eisschicht und stürmten weiter. Klamm vor Kälte paddelten wir die vielen einfachen Schnellen hinunter, die uns beim Hinaufziehen so viel Ärger bereitet hatten. Nach fünf Tagen fuhren wir über den Sheldon Lake, wo wir vor über drei Wochen gestartet waren. Von dort paddelten wir fünf weitere Tage den

Ross River hinunter, bis wir das gleichnamige Indianerdorf erreicht hatten.

Inzwischen hatten wir uns von unserer Niederlage erholt, und mein Kleinhirn hatte sogar schon wieder eine Ersatztour ausgeheckt: »Was hältst du davon, wenn wir ein Stück unterhalb vom Ross River ein Floß bauen und damit siebenhundert Kilometer bis Dawson schippern?« fragte ich. – »Friert man sich auf so einem Ding nicht den Arsch ab?« fragte Andreas zurück, und ich erwiderte: »Wir bauen natürlich ein Luxusfloß, eines mit Hütte und Ofen!« Jetzt leuchteten seine Augen, und es konnte losgehen.

In Ross River kauften wir uns etwa hundert Meter Plastikseil, einige Nägel und ein neues Sägeblatt. Auf dem Schrott-

platz suchten wir nach einem geeigneten Ofen. Das zusätzliche Material wurde auf den Kanadier geschmissen, und weiter ging die Fahrt. Unterwegs schweiften unsere Blicke aufmerksam das Ufer entlang auf der Suche nach einer Stelle zum Floßbauen.

Zwanzig Kilometer flussabwärts von Ross River fanden wir dann den gesuchten Platz: Hier hatte ein Waldbrand vor einigen Jahren sein Unwesen getrieben, tausende toter Fichten standen herum, und genug offenes Gelände für ein Camp und ein Floß war auch vorhanden.

In den nächsten Tagen fällten wir insgesamt siebzehn Bäume, schnitten sie auf die gewünschte Länge zu und verbanden sie untereinander mit Schnüren. Auf diesen Unterbau bauten wir aus sechzig kleinen Stangen einen Rost, um uns dort im Trockenen aufhalten zu können. Die Hälfte des Rostes deckten wir mit einem Häuschen ab, in das wir uns bei schlechtem Wetter verziehen konnten und in dem wir auch die Nächte verbringen wollten. Dann, am vierten Tag um die Mittagszeit, waren wir startklar: Das fertige Floß wog mehr als zwei Tonnen, war dementsprechend träge und schwer zu manövrieren. Und bereits auf den ersten Kilometern wurde die Funktionalität unserer Ruderanlage getestet: Pausenlos sahen wir uns zu Kurskorrekturen gezwungen, um nicht nicht schon am ersten Tag auf einer Kiesbank zu landen. Aber am nächsten Tag verbesserte sich die Lage, und wir mussten nur noch selten eingreifen. So hatten wir uns das vorgestellt: Kaffee trinken, essen, rauchen und schlafen.

Je länger wir auf dem Floß waren, desto weniger paddelten wir. Langsam fühlten wir, wie sich unser Floß in der Strömung verhielt, und wir glaubten zu wissen, wann wir eingreifen mussten und wann die Strömung das Ihrige tun würde. In einer engen S-Kurve hatten wir uns allerdings etwas verschätzt. Wir begannen zu spät zu rudern, und die Strömung trieb uns unaufhaltsam in das mit abgeknickten Bäumen gepanzerte Ufer einer Außenkurve. Wie wild rissen wir an unseren Paddeln und hofften, das Unheil noch abwenden zu können. Doch zu spät: Die vordere Ecke des Floßes hatte die ersten Bäume erreicht und krachte gegen sie. Die Strömung erfasste das Hinterteil und drehte es. Mein Ruder stand dieser Bewegung natürlich im Weg. Und ich stand der darauffolgenden Ruderbewegung im Weg. Wie ein Federball wurde ich vom eigenen Ruder vom Floß katapultiert. Blitzschnell konnte ich mich allerdings noch festhalten und wieder aufsteigen. Zum Glück – ansonsten wäre ich zwischen Floß und Ufer zerquetscht worden. Wenige Sekunden nach meinem Bad war ich wieder einsatzbereit. Ein letztes Krachen, und die Stelle war hinter uns. Andres hatte gar nicht bemerkt, dass ich ins Wasser gefallen war …

Mittlerweile hatten wir den Yukon-River erreicht, und nun holte uns der Winter endgültig ein. Noch nie hatte ich den Yukon so schön erlebt. Wir waren ganz allein; selbst das Fort Selkirk, wo sich im Sommer bis zu hundert Leute sammeln, war menschenleer. Langsam glitten wir den Fluss hinunter. Absolute Stille lag um uns, die weiß eingezuckerte Landschaft im Licht der schwächer werdenden Sonne wirkte bezaubernd auf uns. Noch eingenommen von der Schönheit der Natur,

wurden wir aber ein letztes Mal mit ihren Gesetzen vertraut gemacht: Der White River und einige Kilometer später auch der Steward River förderten tonnenweise Eisschollen in den Yukon. Diese Eisbrocken machten uns beim Anlegen einige Probleme: Es war fast unmöglich, an Land zu kommen, da sich die Eisbrocken an den Ufern angesammelt hatten. Als wir dann endlich doch an Land waren, brauchten wir über eine Stunde, bis wir unser Floß auch nur einen Meter ans Ufer gezogen hatten. Nötig war diese zusätzliche Strapaze deshalb, weil wir nicht das Risiko eingehen wollten, dass unser Floß von einer Eisscholle gerammt werden würde.

In dieser Nacht schliefen wir schlecht. Aber am nächsten Morgen stellten wir dann erleichtert fest, dass der Fluss noch immer in Bewegung und unser Floß noch nicht am Ufer angefroren war. Glück gehabt! Wenig später nahmen wir das Glück gleich noch einmal in Anspruch, denn fünfhundert Meter flussabwärts hatten sich Eisschollen gestaut und ineinander verkeilt. Die rechte Seite des Flusses trieb darauf zu, und dasselbe drohte unserem Floß, sofern unsere Paddelschläge die-

ses Schicksal nicht abwenden konnten. Mit aller Kraft versuchten wir deshalb, unser Gefährt in die Mitte des Flusses zu steuern. Aber mitten im treibenden Eis war es nicht ganz einfach, das Ruder kontrolliert zu führen. Trotzdem rissen wir so fest wir konnten an unseren Rudern und schauten mit bangem Blick stromabwärts. Im letzten Moment hatten wir es geschafft. Mit zehn Metern Sicherheitsabstand zogen wir an dem blockierten Seitenkanal vorbei und waren wieder im Hauptwasser. Erleichtert atmeten wir auf. Wir waren noch hundertzwanzig Kilometer von Dawson entfernt. »Wenn alles gut geht, sollten wir morgen in Dawson sein«, murmelte ich. »Wird auch höchste Zeit«, gab Andres zu bedenken und ich stimmte ihm kopfnickend zu.

Minustemperaturen lassen über dem Bach Nebelschwaden aufsteigen.

Endlich geht es flussabwärts. Wir paddeln die ersten Meter auf den Quellseen des South Nahanni.

Wettlauf mit dem Eis

Eine der Wildwasserstellen, an denen wir unsere schweren Boote an Seilen gesichert zwischen den Steinen durchmanövrieren. Rechte Seite: Eine herrliche Herbststimmung lässt uns die Anstrengung vergessen.

Als ich Romano von unserem Versuch, den Nahanni im Frühwinter zu befahren, erzählte, hatte dies Folgen. Zusammen mit Cyriak Steiner, Anton Stadler und Erich Schumacher wollte er das versuchen, was uns vor einigen Jahren misslungen war. Er hatte die Karten genau studiert und plante den Nahanni über eine kürzere Route zu erreichen. Statt hundertzwanzig Kilometer die Kanus den Ross River hoch zu treideln, hatte er sich folgenden Plan ausgeheckt: Vierzehn Kilometer den South MacMillan River hinunter und dann einen kleinen Bergbach hoch um über einen Pass hinunter zum Ross River zu gelangen. Von dort sind es noch mal zehn Kilometer bis zur Quelle des Nahannis. Auf der Karte schien dies eine viel kürzere und einfachere Variante. Doch auf der Karte sieht meist alles einfacher aus als in Wirklichkeit.

Am zehnten September setzte ich die Vierergruppe am Ufer des South MacMillans ab und fuhr das Auto tausend Kilometer in den Süden, wo Romano und seine Begleiter in sechs bis sieben Wochen eintreffen wollten. Zurück in der Schweiz erzählte mir Romano, was geschehen war.

»Als du uns verlassen hattest, versuchten wir zuerst, sämtliches Material in den beiden Kanus zu verstauen. Im Nachhinein muss ich zugeben, dass wir viel zu viel Gepäck hatten. Alleine das Fotoequipment wog über 40 Kilogramm, und auch mit Ausrüstung und Proviant hatten wir nicht gespart. Da wurde uns schon auf den ersten vierzehn Kilometern zum Verhängnis. Die über zweihundert Kilogramm schweren Kanus waren auf dem verblockten South MacMillan River nicht zu steuern. Wir rammten jeden Stein, und da die Boote so tief im Wasser lagen, schwappte jede Welle über und füllte die Kanus alle hundert Meter mit Wasser an. So waren wir ohne Unterlass am Wasserschöpfen. Und der Bach war überwiegend so eng, dass wir die Boote an Seilen gesichert zwischen den Steinen hindurchmanövrieren mussten. Kurz vor Einbruch der Dunkelheit erreichten wir endlich den kleinen Bergbach, der uns auf die andere Seite der Itsi Berge bringen sollte.

Auf den ersten hundert Metern ahnten wir nichts Böses. Noch konnten wir die Boote vom Ufer aus gegen die Strömung ziehen. Doch schon nach der ersten Kurve verwandelte sich das Gewässer in einen steilen Bergbach. Die nächsten drei Tage

wurden zum Alptraum. Zu viert versuchten wir jedes Kanu einzeln die steilen Gefällestufen hochzuziehen. Oft war der Bach aber sogar dafür zu steil. Jedenfalls standen wir drei Tage lang bis zu den Hüften im Wasser und zerrten an unseren Kanus oder wanderten mit Gepäckstücken und Boot im Schlepptau durchs Unterholz um zu versuchen, die steilsten Stellen im dichten Busch zu umgehen. Die Abende waren ausgefüllt mit Kleidertrocknen und dem Wieder-Leben-in-die-durchfrorenen-Füße-bringen. Am vierten Tag erreichten wir den ersten See. Schon glaubten wir, die Schinderei habe ein Ende, doch auch der Bach zum zweiten See war so steil, dass wir einmal mehr aufs Land ausweichen mussten. Über einen herrlichen Wildpfad wanderten wir durch die wunderschönen Itsi Berge. Obwohl wir die Strecke dreimal gehen mussten und jedes Mal fünfunddreißig Kilo Last am Rücken trugen, war die Stimmung gut. Die rotgelb leuchtende Tundra entschädigte uns für die Strapazen. Und als wir am Abend auch noch einen Elch aus nächster Nähe beobachten konnten, war für uns die Welt in Ordnung.

Nach neun Tagen standen wir dann am höchsten Punkt unserer Reise, ein Elchpfad führte uns hinunter zum Ross River.

Ich glaube, wir erreichten den Ross River etwa da, wo du und Andres vor ein paar Jahren wegen Eis umkehren musstet. Sicher war eure Route länger, aber ich glaube, unsere war trotzdem nicht einfacher. Jedenfalls haben auch wir bis hierher geschlagene zwölf Tage gebraucht. Von dort ging es noch ein Stück den Ross River hoch, bevor uns eine letzte Portage an die Quellseen des South Nahanni Rivers brachte. Am fünfundzwanzigsten September, eine Woche später als geplant, hatten wir dieses Ziel erreicht. Der Winter schien noch fern, und keiner von uns machte sich Sorgen. Wir warteten noch zwei Schlechtwettertage ab, bevor wir den Rock Garten, den ersten Wildwasserabschnitt auf dem South Nahanni, in Angriff nahmen.

Schon kurz nach dem sumpfigen Quellgebiet, in einer Rechtskurve, wartete die erste schwierige Stromschnelle. Ohne anzuhalten waren Toni und Cyriak eingefahren und um die Ecke verschwunden. ›Dann wird es wohl gehen‹, sagte ich zu mir selbst. Das Wasser schoss um die Kurve und donnerte danach zwischen zahlreichen Felsblöcken in die Tiefe. Irgendwie schafften wir es trotzdem, unser Kanu ohne Crash an den Felsen vorbei zu paddeln. Wir hatten bereits das Ende der Stromschnelle erreicht, als die Bootsspitze tief in einer Walze verschwand. Das Kanu wurde sogleich mit Wasser abgefüllt und war auf der Stelle unmanövrierbar. Schon einige Meter weiter klebten wir auf einem Stein. Wir hüpften einmal mehr ins eiskalte Wasser und versuchten, das Kanu zu be-

freien. Erst jetzt konnten wir sehen, dass es den anderen genau gleich gegangen war. Mit vereinten Kräften bargen wir die Kanus. Nachdem die Boote wieder ausgeschöpft waren, montierten wir die Spritzdecke. Auf den folgenden sechzig Kilometern standen noch unzählige, bedeutend schwierigere Stromschnellen auf dem Tagesplan. Mit der Spritzdecke stellten sie aber kein ernsthaftes Problem mehr dar.

Nach vier Tagen hatten wir den schwierigsten Teil des Flusses heil überstanden. In der Zwischenzeit war der erste Schnee gefallen, und uns wurde langsam klar, dass der Winter nicht mehr weit sein konnte. Zwischen verschneiten Bergflanken paddelten wir auf dem ruhig dahinfließenden Nahanni weiter in Richtung Süden. Die Temperaturen waren merklich gefallen. Da auf dem Fluss aber noch kein Eis zu sehen war, entschlossen wir uns, eine zweitägige Wanderung zu den Granittürmen beim Glacier Lake zu unternehmen.

Als wir am nächsten Abend wieder zurück am Fluss waren, schwammen die ersten kleinen Eisstücke an uns vorbei. Noch nahmen wir diese Warnung nicht ernst genug und unternahmen einen Tag später erneut eine Wanderung, diesmal zu den Rabitkettle Hot Springs. Mit Badetuch und Seife bewaffnet erreichten wir die heißen Quellen, die aber zu unserer großen Enttäuschung schon gefroren waren. Richtigerweise handelt es sich bei ihnen auch nicht um heiße Quellen, sondern um die höchsten Tufaformationen in ganz Kanada. Nach unserer anfänglichen Enttäuschung begeisterte uns dieses Naturwunder bald so sehr, dass wir das vorher ersehnte warme Bad schnell vergaßen.

Die kommende Nacht war sternenklar, und das Thermometer fiel zum erstenmal unter minus zwanzig Grad. Am Morgen war der South Nahanni dann mit Eisschollen übersät: ›Jetzt heißt es Gas geben, sonst sitzen wir bald fest‹, sagte ich zu mir selbst. Zwischen Eisschollen paddelten wir so schnell wir konnten vorwärts. In den Kurven hatte sich das Eis angestaut, und oft blieb nur noch ein schmaler Kanal zum Paddeln offen. Es war zum Verzweifeln. Gestern noch kleine Eisstücke, und jetzt war der Fluss schon fast gefroren. Wie konnte dies so schnell gehen?

Was hatten wir übersehen? Gegen Abend erreichten wir eine schattige Linkskurve. Hier gab es kein Durchkommen mehr. Die ganze Kurve war mit Eisschollen versperrt. Wir paddelten ans Ufer und fragten uns, ob dies schon das Ende unserer Tour bedeuten würde. Entmutigt stellten wir unser Camp auf. ›Ist der Fluss nach der Kurve wieder offen? Was ist, wenn wir hier nicht mehr weiterkommen?‹ überlegte

ich hin und her. Die ganze Nacht über hörten wir, wie sich die Eisschollen krachend ineinanderschoben. Mit gemischten Gefühlen bepackten wir am nächsten Morgen die Traggestelle und trugen unsere sieben Sachen um die Kurve. Die Lage entspannte sich, als wir hinter der Kurve den offenen Nahanni erblickten. Da diese Kurve das ankommende Eis wie eine Staumauer aufhielt, paddelten wir den ganzen Tag ohne lästige Eisschollen um uns herum. Doch uns war klar, dass es nur eine Frage der Zeit sein konnte, bis der Fluss wieder gefroren war. Aber wann – und wo?

Der folgende Tag beantwortete unsere Frage. Der Nahanni, der in diesem Abschnitt einem See glich, begann wieder langsam zuzufrieren. Nach einer weiteren kalten Nacht mit minus zwanzig Grad erlebten wir eine wunderschöne Morgenstimmung. Die Ufer hatten weitere fünf Meter Eis angesetzt, und wir gelangten nur mit Hilfe der Axt zurück in die Strömung.

Wir waren noch keine Stunde auf dem Fluss, da vereinten sich die gefrorenen Ufer zu einer durchgehenden Eisdecke. Erst versuchten wir uns noch Meter für Meter den Weg freizuhacken. Dann mussten wir aber schnell einsehen, dass wir so nicht mehr vorwärts kommen würden.

Cyriac begab sich auf einen Erkundungsmarsch. Nach einer Stunde war er zurück. Er schüttelte nur den Kopf und uns war klar, was dies bedeutete. Jetzt drängte sich die folgende Frage auf: ›Tragen wir das ganze Material auf dem sicheren Landweg, oder wagen wir uns mit den voll beladenen Booten aufs Eis?‹ Wenig später machten wir die ersten Schritte auf dem dünnen Eis. Bei jedem Knacksen und bei jedem Riss im Eis fuhren wir zusammen. Allzeit bereit, ins Kanu zu springen oder sich zumindest daran festzuhalten, marschierten wir flussabwärts. Mit der Zeit wurde das Vertrauen ins Eis größer und das stete Knallen und Knacksen beunruhigte uns nicht mehr. Wir hatten uns schon fast ans Kanuziehen gewöhnt, als der Nahanni plötzlich wieder eisfrei war. Doch unsere Freude währte nur wenige hundert Meter, dann standen wir schon wieder am Eis.

Die sechzehn verbleibenden Kilometer bis zu den Virginia Falls schafften wir auf dem nun solid gefrorenen Nahanni Fluss in zwei Tagen, und am Nachmittag des dreizehnten Oktobers standen wir an der Abbruchkante der neunzig Meter hohen Virginia Wasserfälle. Unter den Wasserfällen war der Nahanni wieder eisfrei, doch wie würde es weiter unten in der Schlucht ausschauen? Was würde geschehen, wenn wir in einer Stromschnelle zwischen zwei Eisschollen gerieten? Ein Kentern bei diesen Temperaturen hätte fatale Folgen, denn der Canyon ist fast zweihundert Kilometer lang und teilweise über tausend Meter tief. Wir diskutierten diese Fragen in der Gruppe, und die Meinungen waren gespalten. Doch ich konnte die Verantwortung, einen meiner Kameraden unter dem Eis verschwinden zu sehen, nicht übernehmen. Deshalb nahm ich, als ein Kleinflugzeug in Sichtweite kam, mit dem Piloten Funkkontakt auf und schilderte ihm unsere Lage. Vier Tage später brachte uns ein Helikopter zurück in die Zivilisation. Der Titel des Buches ›Nahanni – River of dreams‹ hatte sich einmal mehr bewahrheitet.«

Die 90 Meter hohen Virginia Falls bei Niedrigwasser im Oktober.

Die gefrorenen Rabbitkettle Hot Springs. Eigentlich handelt es sich um keine Hot Springs, sondern um die höchste Tufaformation Kanadas. Rechts: Die senkrechten Granitwände des »Cirque of the Unclimbables«.

Blockhüttentraum

Franz bearbeitet ein Zapfloch. Rechte Seite: Weihnachtsstimmung am Dragon Lake.

Mittlerweile hatte ich schon unzählige Kanutouren und Wanderungen im Frühling, Sommer und Herbst unternommen. Was mir jetzt noch fehlte, war ein Yukon-Winter. Die Erzählungen meines Freundes Franz Six faszinierten mich. Franz lernte ich auf einer Kanutour auf dem Big Salmon River im Yukon kennen. Wir verstanden uns auf Anhieb so gut, dass wir nach dieser Tour noch eine weitere Kanutour zusammen unternahmen. Auf diesem Trip erzählte mir Franz von seinem ersten Yukonwinter im Sommer 1986: »Meine Freundin Gabi Fux und ich waren auf der Suche nach einem geeigneten Platz für eine Blockhütte. Unser Plan war es, im Sommer eine Blockhütte selber zu bauen und darin zu überwintern. Zufällig stießen wir, als wir mit unserem Kanu auf dem Big Salmon See unterwegs waren, auf einen wunderschönen Platz mit einer verfallenen Blockhütte. Die Lage war optimal: im Sommer dreißig und im Winter hundertzwanzig Kilometer von der nächsten Straße entfernt. Die Distanz ins nächste Dorf betrug über zweihundert Kilometer. Da man auch in Kanada nicht einfach irgendwo eine Blockhütte bauen kann, mussten wir uns erst um die Genehmigungen kümmern. Also paddelten wir zurück an die Canol Road und fuhren mit unserem Wagen nach Teslin. Dort erkundigten wir uns auf dem Büro für Indianerfragen, was zu tun sei. Uns wurde mitgeteilt, dass es eigentlich nicht erlaubt sei, im Yukon eine Blockhütte zu bauen. Da wir die Hütte aber nur restaurieren und keine neue bauen wollten, drückten die Behörden glücklicherweise ein Auge zu. Sie gaben uns die Adresse von Louis und Lilly, einem alten Indianerehepaar, dem die Hütte gehörte und das das früher von hier aus seine Fallen gestellt hatte. Die beiden waren hoch erfreut, dass wir ihre ›Cabin‹ neu aufbauen wollten. Sie gaben uns die Befugnis zu und das Recht, einen Winter lang darin zu wohnen.

Nachdem alles offiziell abgesegnet war, fuhren wir zurück zum Big Salmon Lake. Mit einem Minimum an Handwerkzeugen machten wir uns an die Arbeit. Zuerst entfernten wir das eingefallene Dach und die vermoderten Wände. Die untersten drei bis fünf Stämme konnten wir wieder verwenden. Das restliche Holz musste frisch geschlagen werden. Etwa drei Kilometer von der Hütte entfernt hatte ich eine Stelle

Franz flößt das Bauholz zum Bauplatz.

entdeckt, wo hoch gewachsene Fichten standen, die schon ein angemessenes Alter erreicht hatten. Dort schlugen wir sechzehn möglichst gerade gewachsene Bäume und entfernten die Rinde. Nun kam der anstrengendste Teil der Arbeit: Wir mussten die langen schweren Stämme zum See schleppen. Einmal im Wasser, band ich die Stämme zu einem Floß zusammen und flößte sie bis zum Bauplatz. Nun wurden die Stämme auf die richtige Länge zugeschnitten und eingekerbt, damit sie sich ineinander verkeilten. Nachdem die Seitenwände und der First wieder standen, kam das Dach an die Reihe. Während das Bauholz abtrocknete, hatten wir hundertfünfzig kleine, drei Meter lange und acht Zentimeter dicke Stämme angeschleppt, um das Dach zu zimmern. Als die Hütte soweit fertig war, benötigten wir noch eine wasserdichte Schicht auf dem Dach. Von Whitehorse organisierten wir alte ausgediente Aluminium-Druckplatten, die wir nun im Schindelprinzip aufs Dach nagelten. Zur besseren Isolation und vor allem, damit die Hütte wieder einen schönen Anblick bot, schaufelten wir drei Kubikmeter Erdreich aufs Dach: Nach einem Monat Arbeit war die vier auf fünf Meter große Hütte fertig.

Inzwischen war es Ende September geworden, und wir fuhren ein letztes Mal nach Whitehorse. Dort kauften wir das Essen für den gesamten Winter ein und brachten es mit einem Motorboot zur Hütte. Ein Freund fuhr das Motorboot zurück zur Straße und brachte Boot und Auto wieder nach Whitehorse. Jetzt waren wir für die kommenden acht Monate auf uns alleine gestellt. Als Erstes bauten wir noch einen Vorratsspeicher, damit wir unseren Proviant sicher verstauen konnten. Kurz bevor der Boden wieder gefror, trieben wir die Stämme für die Cache (Vorratsspeicher auf Stelzen) in den Boden. Nachdem sämtliche Vorräte sicher vor Mäusen, Eichhörnchen, Vögeln, Bären und Wölfen verstaut waren, konnten wir mit dem Innenausbau der Hütte und dem Mobiliar beginnen. Bald schon fiel der erste Schnee. Die Tage wurden kürzer und die Nächte ohne Ende. Für unsere Beziehung wurde dieser Winter zu einer Herausforderung, und wir waren froh, dass wir als weitere Gefährten noch einen Hund und eine Katze mitgebracht hatten. Der Malamute Schlittenhund Sam begleitete uns auf sämtlichen Ausflügen im Winter und half uns beim Brennholzherbeischleppen. Dieser erste Yukonwinter war ein großartiges Erlebnis. Im Verlauf des Winters wurde der Wunsch, einmal mobil unterwegs zu sein, immer stärker. Ich träumte von einer Hundeschlittentour quer durch das ganze Yukon Territorium.«

Nach unserem Kanutrip verlor ich Franz erst einmal für längere Zeit aus den Augen. Ich hatte gerade einen langen Pferdetrip in Südamerika hinter mir, als er sich einige Jahre später unverhofft bei mir meldete: Er suche noch ein drittes Mitglied für eine Yukondurchquerung mit Schlittenhunden. Die Idee, einen ganzen Winter im Yukon zu verbringen, hatte mich seit unserer letzten Begegnung nicht mehr losgelassen, und auf meiner Pferdetour hatte ich Tiere als zuverlässige und treue Begleiter zu schätzen gelernt. Ich überlegte also nicht zweimal und war mit von der Partie.

Als drittes Mitglied der Expedition konnte Franz seinen Bergführerkollegen Toni Stadler begeistern, mit dem er schon viele Extremtouren bestritten hatte. Nun war das Team komplett. Ein hochgestecktes Ziel – das Yukon Territorium auf einer Länge von tausendachthundert Kilometern von Süden nach Norden zu durchqueren – hatten wir auch. Die richtigen Hunde fanden wir dann in Kanada bei dem mehrfachen Hundeschlittenweltmeister Terry Streeper. Er zeigte uns auch die wichtigsten Kniffs und Tricks, dann waren wir auf uns alleine gestellt.

Mit zwei Schlitten und unseren sechzehn Huskies nahmen wir die hundertfünfzig Kilometer weite Reise zu Franz' Hütte unter die Kufen. Diese ersten Kilometer waren eine gewaltige Herausforderung, denn keiner von uns hatte je etwas mit Hunden zu tun gehabt.

Am Anfang glaubte ich, unsere sechzehn Huskies nie auseinanderhalten zu können. Doch schon nach einer Woche kannte ich jeden bei seinem Namen, wusste über seine Vorlieben und natürlich auch über seine Macken Bescheid. Nur wenn man den Charakter der Hunde genau kennt, kann man ein Hundeschlittenteam optimal zusammenstellen. Einem Hund am falschen Platz im Team ist es unwohl, er ist über- oder auch unterfordert und bringt so nicht seine optimale Leistung. Den ganzen Dezember verbrachten wir damit, uns und unsere Hunde besser kennen zu lernen. Die Blockhütte von Franz benützten wir als Basislager für Trainingstouren. Mitte Januar fühlten wir uns dann stark genug für unsere Expedition.

Elchbulle bei seiner Lieblingsmahlzeit am Big Salmon.
Links: Blick von der Hütte zum Big Salmon Lake.

Der Schlittenhund Sam begleitete Franz Six auf allen Ausflügen und weckte den Wunsch für eine Hundeschlittentour durch den Yukon.

Eiskalter Abend an der North Canol Road.

Hundeschlittenexpedition

Toni bei minus vierzig Grad. Rechts: In den MacMillan Planes.

Es herrschten eisige minus fünfzig Grad, als wir über den Lapie Pass Richtung Ross River reisten. Keiner von uns war je bei solchen Temperaturen unterwegs gewesen. Wir lernten aber schnell, dass bei dieser Kälte sämtliches Material sehr bruchanfällig ist und dass die Hunde ohne Booties (Hundeschuhe) nicht mehr rennen können.

Natürlich war auch für uns das Leben im offenen Zelt bei diesen Temperaturen nicht sehr einfach. Sich am Morgen aus dem warmen Schlafsack in die eiskalten Kleider zu quälen, kostete am meisten Überwindung. Sobald ein Feuer brannte und heißer Tee oder Kaffee in der Kanne brodelte, sah die Welt schon wieder etwas freundlicher aus. Aber trotzdem waren bei dieser Kälte die einfachsten Tätigkeiten – Kochen, Essen und die kleinen und großen Geschäfte erledigen – komplizierter als sonst. So konnten wir uns zum Beispiel unterwegs nicht einfach mittags ein Brot mit Butter und Marmelade streichen sowie dazu ein Stück Käse oder Salami essen, denn alles war steinhart gefroren. Das Brot musste mühsam mit der Säge abgesägt und über dem Feuer aufgetaut werden. Butter und Käse mussten abgehackt und ebenfalls aufgetaut werden. Da wir am Mittag aber kein Feuer machen wollten, um die Hälfte des ohnehin schon kurzen Tages nicht zu verschenken, mussten wir unser Mittagessen schon am Morgen planen. Also verpackten wir unser Menü, nachdem wir es aufgetaut und präpariert hatten, in eine Plastiktüte und trugen diese den ganzen Tag unter der Kleidung. Heißen Tee und Suppe füllten wir in eine Thermosflasche, damit wir untertags wenigstens etwas Warmes zu uns nehmen konnten. Und nach einer Woche erreichten wir so Ross River, unser erstes Etappenziel.

Von jetzt an wurde es Ernst. Die nächste Etappe war tausendfünfhundert Kilometer lang und wir würden bis Fort McPherson keine einzige Menschenseele zu Gesicht bekommen. Mit schwer beladenen Schlitten verließen wir Mitte Februar Ross River. Auf den ersten hundertfünfundzwanzig Kilometern konnten wir noch die Schneemobilspur eines Fallenstellers benützen, doch dann war der Trail zu Ende und wir mussten unsere Spur selber machen. Dass wir mit unseren schweren Schlitten im zwei Meter tiefen Pulverschnee nichts verloren hatten, wussten wir. Dass uns die Hunde aber selbst mit leerem Schlitten und dann

sogar ohne Schlitten nicht folgen konnten, war eine bittere Erkenntnis. Die nächsten Wochen wurden zur Zerreißprobe. Jede Etappe musste mehrmals mit den Schneeschuhen begangen werden, bis wir sie mit leichten Schlitten befahren konnten. Erst Tage später, wenn sich die Spur verfestigt hatte, konnten wir das schwere Material nachholen. Unsere Tage waren ausgefüllt mit Spuren, und am Abend waren wir jedesmal fix und fertig. Ich begann zu zweifeln, ob wir überhaupt eine Chance hätten, da wir im Schnitt nur sieben Kilometer pro Tag vorwärts kamen. Ich sah nur eine Lösung, unser Ziel trotzdem zu erreichen: noch härter und länger arbeiten. Diese Schufterei wirkte sich aber negativ auf die Stimmung aus. Als Toni und ich einmal mehr total am Ende unserer Kräfte und um Stunden verspätet im Dunkeln zurück ins Lager wankten, kam es zur längst fälligen Diskussion.

Am Lagerfeuer stellte mich Franz zur Rede: »Bist du dir eigentlich bewusst, dass dein übertriebenes Vorwärtsdrängen völlig fehl am Platz ist? Im Moment können wir

mit größtem Aufwand zwei bis drei Kilometer mehr hinausschinden. Damit machen wir aber sowohl uns als auch die Hunde vollkommen kaputt. Das hat zur Folge, dass uns die ganze Sache keinen Spaß mehr macht und sich die Unfallgefahr unnötig erhöht. Ist der Schnee besser, holen wir die wenigen Kilometer, für die wir uns jetzt wie die Irren anstrengen, leicht wieder ein. Bleiben die Verhältnisse so schlecht, dann erreichen wir Fort McPherson sowieso nicht.«

Nach dieser Diskussion besserte sich die Stimmung wieder deutlich. Unser oberstes Ziel war es nun nicht mehr, Fort McPherson zu erreichen, sondern wir wollten ganz einfach die Zeit draußen in der Natur genießen. Darum war es uns am Anfang ja

In den windgepeitschten Weiten der MacMillan Planes können die Hunde zum ersten Mal mit leichten Schlitten einer Schneeschuhspur folgen.

eigentlich auch gegangen: Wir wollten keinen Rekord brechen, sondern ganz einfach die Wildnis erleben, wollten draußen sein mit den Hunden und ohne Leistungsdruck die Atmosphäre des kanadischen Winters in uns aufnehmen. Jetzt, wo wir wieder unser ursprüngliches Ziel vor Augen hatten, ging plötzlich wieder alles wie von allein. Wir waren nicht mehr nur verbissen am Arbeiten, sondern fanden wieder Zeit für uns und unsere Hunde. Auch sie hatten in den vergangenen Wochen gelitten und spürten den Wandel im Team. Jetzt gingen wir besser auf ihre Wünsche, ein und unser Verhältnis wurde wieder kameradschaftlich. Vor allem die Leithunde hatten sich in den vergangenen Tagen plötzlich gegen uns gestellt. Aus Protest fanden sie plötzlich die vom Wind verwehte Spur nicht mehr. Uns wurde klar, wie clever diese Tiere doch sind, und wie abhängig wir von ihnen waren. Jetzt, wo die Einstellung wieder stimmte, war das Finden einer verblasenen Spur plötzlich kein Problem mehr – die Motivation stimmte auch bei den Hunden wieder.

Nach gut zwei Wochen erreichten wir das baumlose Gelände um den MacMillan Pass. Der Wind hatte hier den Schnee schon etwas komprimiert, und das Vorwärtskommen wurde für kurze Zeit etwas einfacher. Dafür gab es keinen schützenden Wald mehr für unsere Nachtlager, und

die Stürme trafen uns in dieser Einöde mit voller Wucht. Mit den inzwischen leichter gewordenen Schlitten erreichten wir nach sechs Wochen den Misti Lake, wo uns fünfhundert Kilogramm Verpflegung und Hundefutter eingeflogen wurden. Zwei Wochen später erreichten wir das Tal des Snake Rivers. Von hier trennten uns noch fünfhundertzwanzig Kilometer vom Fort McPherson.

Auf den ersten Kilometern war der Fluss so gleichmäßig gefroren, dass wir locker fünfzig Kilometer vorwärts kamen. Wir waren in Hochstimmung. Endlich herrschten die Verhältnisse, von denen wir immer geträumt hatten. In Gedanken sahen wir den Fluss schon bis nach Fort McPherson so gleichmäßig gefroren, unser Ziel schien plötzlich zum Greifen nahe: Noch läppische zehn bis vierzehn Tage und wir haben es geschafft, sagte ich zu mir selber. Doch schon am nächsten Tag zeigte uns die Natur, wer hier der Meister ist: Die Eisdecke hatte Löcher bekommen. Anfänglich konnten wir diese noch umfahren, doch schon nach einer Stunde verengte sich das Tal zu einem Canyon. Die Felsen standen senkrecht, und das offene Wasser reichte von der einen Canyonseite bis zur anderen. Hier gab es für uns kein Durchkommen mehr. Wir stiegen die Felswände hoch und verschafften uns einen Überblick. Nach längerem Suchen fanden wir einen Umweg. Mit Hilfe eines Flaschenzuges brachten wir die Schlitten über eine steile Anhöhe hinauf in den dichten Wald. Viele Bäume mussten mit der Axt aus dem Weg geräumt werden. Nach zwei Kilometern waren wir wieder zurück am Fluss, doch in der Zwischenzeit war es dunkel geworden. Am nächsten Morgen, wir waren noch keine halbe Stunde auf dem Eis, als uns ein weiteres Steilufer mit offenem Wasser einmal mehr den Weg abschnitt. Diesmal war der Fluss so weit offen, dass wir den Rest des Tages damit verbrachten, Schlitten und Material an einer seichten Stelle auf die gegenüberliegende Seite zu transportieren. Diese Prozedur wiederholte sich in den kommenden Tagen beinahe täglich: Wunderbares Eis, auf dem wir schnell vorwärts kamen, wechselte mit Abschnitten, wo wir in den fast undurchdringlichen Wald ausweichen mussten. Flussquerungen gehörten zur regelmäßigen Übung, und jeder Tag wurde eine neue Herausforderung.

Für mich waren aber nicht nur die Tage, sondern auch die Nächte eine Belastung. Trotz völliger Erschöpfung konnte ich oft nicht einschlafen, da mich die Ungewissheit, ob wir am nächsten Tag noch weiterkommen würden, fast auffraß. Ein Funkgerät hatten wir nicht, und vor Mitte Juni würde uns niemand vermissen. Etwa hundert Kilometer vom Peel River entfernt wurden die Verhältnisse auf dem Fluss dann so prekär, dass wir einsehen mussten, dass es so nicht mehr weitergehen konnte.

Franz und Toni waren auf einen Berg gestiegen und hatten den Fluss mit dem Feldstecher beurteilt. Nach ihrem Bericht gab es hier kein Weiterkommen mehr. Da der Pilot unsere topographischen Landkarten vergessen hatte, war der Weiterweg über Land äußerst riskant, da wir uns nicht mehr einfach an ein Flusssystem halten konnten. Trotzdem mussten wir es wagen. Toni und Franz hatten eine Schneise im Wald entdeckt, die in Richtung Peel River führte. Wie weit diese Schneise, die vor Jahren einmal für Probebohrungen angelegt worden war, allerdings führen würde, konnten wir nicht voraussagen. Mitten in der Nacht standen wir auf, und um drei Uhr waren wir schon unterwegs. Kurz nach zehn Uhr hatte die Sonne dann die Eiskruste aufgeweicht, und wir brachen in den bodenlosen Schnee ein. Nun gab es gar kein Vorwärtskommen mehr. Jetzt hieß es Schlafen und Kräftesammeln, damit wir beim ersten Tageslicht wieder losmarschieren konnten.

Nach zwei Tagen änderte die Schneise die Richtung – zu unserem Pech zurück in die Berge und nicht hinunter zum Fluss. Im dichten Nebel kämpften wir uns mit Hilfe eines Flaschenzuges über einen steilen Pass. Auf der anderen Bergseite hofften wir, auf einen befahrbaren Bach zu stoßen, der uns zum Peel River führen sollte. Über steile Berghänge und ein tief eingeschnittenes Tal erreichten wir einen gut gefrorenen Fluss, und wir dachten schon, nun wären wir in einer Woche in Fort McPherson. Aber auch diese Illusion wurde uns wenig später wieder genommen, denn als wir den Peel River erreichten, war der Fluss weit offen. Als Franz und Toni dann auch noch bei einem Erkundungsmarsch Grizzlybären beim Verspeisen eines Elchkadavers überraschten, war die Katastrophe perfekt: Der eingekesselte Grizzly, der um seine Beute fürchtete, sah in Toni und Franz zwei Rivalen und setzte zum Angriff an. Meinen Freunden blieb keine andere Wahl, als ihren Widersacher zu töten. Die Bilanz dieses ereignisreichen Tages war bitter: Ein toter Bär und keine Aussicht auf ein Weiterkommen. Aber schon kurze Zeit später hatten wir uns vom ersten Schock erholt und sahen plötzlich die positive Seite der Situation: Uns wurde klar, dass wir nur mit Hilfe eines großen Floßes nach Fort McPherson gelangen konnten. Uns wurde auch klar, dass wir mindestens drei Wochen warten mussten, bis der Fluss überall eisfrei sein würde, und uns wurde ebenso bewusst, dass wir nur noch für eine Woche Nahrung hatten. Das Fleisch des Bären würde uns und unsere Hunde also vor dem Hungertod retten …

Guter Dinge bauten wir unser Lager auf. Wir zerlegten den Grizzly und schleppten ihn ins Camp. Während der Peel River für zwei Wochen Eis und Bäume Richtung Meer beförderte, bauten wir ein stabiles Floß. Die vier Meter langen Ruder schnitzten wir in tagelanger Handarbeit aus einem Baum, den wir mit Holzkeilen gespalten hatten. Nach gut drei Wochen war unsere gut drei Tonnen

schwere Arche fertig, und am zweiten Juni war es dann soweit: Sechzehn Hunde und sämtliches Material waren auf dem Floß verstaut. Mit kräftigen Ruderschlägen manövrierten wir unser schweres Gefährt in die reißende Strömung. Wir schätzten die anfängliche Geschwindigkeit des Flusses auf mindestens sechzehn Stundenkilometer und hatten alle Hände voll zu tun, unser Gefährt in der Hauptströmung zu halten. Der Peel River führte noch immer extremes Hochwasser und füllte das ganze Tal auf. Franz stand auf dem Schlitten und studierte mit dem Feldstecher den Weiterverlauf des Flusses. Oft teilte sich der Fluss in Nebenarme. Es war äußerst wichtig, dass wir immer in der Hauptströmung blieben, wollten wir nicht plötzlich mitten im Fluss auf eine Sandbank auflaufen oder in einen kleinen Seitenarm getrieben werden. Doch schon nach zwei Stunden geschah das erste Unglück: Wir waren mitten im Fluss auf Grund gelaufen, und die Strömung presste unser Floß immer mehr auf die seichte Kiesbank. Mit vereinten Kräften versuchten wir, unser Gefährt wieder frei zu kriegen: zuerst ohne Erfolg, doch nach einer Stunde hatten wir das Unmögliche geschafft. Mit der Schneeschaufel gruben wir Kies ab und mit Holzstangen konnten wir das Heck etwas drehen, sodass wir endlich wieder unterwegs waren. Aber nur wenig später spülte uns die Strömung in einen Seitenkanal. Zuletzt war unser Kanal nur noch doppelt so breit wie unser Floss, und wir befürchteten, dass er noch kleiner werden würde. In einer Kurve trieb uns die Strömung mit voller Wucht auf einen Schwemmholzhaufen zu. Wir rissen wie wild an den Rudern und versuchten, das Unheil noch abzuwenden. Aber in der Hektik brachen wir ein Ruder ab. Glücklicherweise hatten wir ein Ersatzruder geschnitzt, das sofort zur Stelle war: Im letzten Moment konnten wir unseren Untergang noch abwenden.

Nach dieser Engstelle floss unser Seitenkanal zurück in den Hauptstrom. Nach hundertzwanzig Kilometern bündelte sich der Peel River zu einem einzigen tiefen Kanal. Die Strömung nahm langsam ab, und zum Schluss trieben wir langsam nach Fort McPherson. Gegen Mittag des dritten Juni hatten wir die letzten zweihundert Kilometer hinter uns gebracht. Am Horizont tauchte die Fähre über den Peel River auf, wir sahen die ersten Zelte.

Rückblickend bin ich überzeugt, dass wir Fort McPherson nur erreicht haben, weil es gar nicht mehr das Ziel unserer Tour gewesen war. Im Verlauf der Tour lernten wir, jeden Tag als Geschenk zu nehmen und jeden Tag für sich als einzelnes kleines Abenteuer zu genießen. Dank dieser Einstellung konnten wir jeden Tag ein Problem lösen, und jeder einzelne Tag ergab einen Sinn. Anderenfalls hätten wir spätestens nach einem Monat kapituliert und wären wegen mangelnder Motivation umgekehrt: Diese Erkenntnis verdanken wir übrigens nicht zuletzt unseren Hunden: Hunde kennen kein Ziel, sondern nur die Freude am Laufen, am Entdecken und am Draußensein. Auf diese Weise hatten wir etwas erreicht, das noch niemandem zuvor gelungen war. Stolz schüttelten wir uns die Hände und dankten unseren sechzehn Huskies, die maßgeblich zum Gelingen der Tour beigetragen hatten.

Kaum waren wir an Land, da wurden wir auch schon von den einheimischen Kutschin-Indianern freundlich empfangen. Ein alter Indianer stellte uns gleich ein Zelt zur Verfügung, in dem wir wohnen konnten, und die nächsten Wochen verbrachten wir am Ufer des Peel Rivers. Die Indianer versorgten uns und unsere Hunde mit Fleisch und Fisch. Stundenlang saßen wir am Lagerfeuer und tauschten Geschichten aus. Die älteren Indianer erzählten uns viel aus ihrer Vergangenheit, und mein Interesse wurde immer größer. Im Verauf dieser Wochen spürte ich, dass ich schon bald einmal hierher zurückkehren würde, um mehr von diesen besonderen Menschen zu erfahren.

In der unendlichen Weite der MacMillan Planes sind wir den Winterstürmen schutzlos ausgeliefert. Oft graben wir zum Schutz vor Wind und Wetter eine Schneehöhle.

Über Eisbalkone und Eisbrücken kämpfen wir uns weiter. Ein gefährliches Spiel – es ist aber unsere einzige Chance.

Auf dem Snake River ist Einfallsreichtum gefragt. Jeden Tag stoßen wir auf ein neues Problem, das gelöst werden muss.

Bei den Kutschin-Indianern

Nur wenige Kutschin-Indianer leben auch heute noch von der Natur.

Die beiden Wochen bei den Kutschin-Indianern hatten mich so stark beeindruckt, dass es mich schon einige Jahre später wieder nach Fort McPherson zog. Ende August erreichte ich das kleines Dorf am Ufer des Peel Rivers.

Das Gebiet der Kutschin-Indianer erstreckt sich vom Mackenzie River bis nach Alaska. Das Jagdgebiet der Peel-River-Kutschin, einer ihrer neun örtlichen Untergruppen, liegt südwestlich des Peel Rivers im Yukon Territorium und zu kleinen Teilen im Northwest Territorium. Die Peel-River-Kutschin, die sich selbst Tetlit-Kutschin nennen, lebten ausschließlich von der Jagd und vom Fischfang, bis die Weißen kamen. Während der Wintermonate waren sie in in den Bergen verteilt und machten Jagd auf die Porcupine Karibuherde. Diese Herde bestimmte, wo sich die Indianer aufhielten und ob sie überlebten. Wenn im Frühjahr die Karibus nach Alaska zogen, machten sich die Kutschin zu Fuß auf zum Unterlauf des Peel Rivers oder seinen Zubringern. Schlittenhunde kannte man zu dieser Zeit noch nicht, und die Gruppen reisten langsam. Bevor die Weißen die Handelsstation Fort McPherson gebaut hatten, sammelten sich die Indianer im Frühsommer beim »Fish Trap Head«. Hier und an einer Handvoll anderer Plätze lagen die traditionell guten Fischgründe. Der Sommer war die Zeit des Überflusses, aber auch die Zeit für Spiele, Zeremonien und soziale Kontakte. Das Verhältnis der Peel-River-Kutschin mit den benachbarten Indianerstämmen war traditionsgemäß gut. Die Beziehung zu den im Norden lebenden Eskimos, heute Inuvialuit genannt, war aber immer gespannt, und oft kam es zu blutigen Auseinandersetzungen. Im Herbst machten sich die Kutschin dann in kleine Gruppen verteilt wieder auf in die Berge, um die Karibus ausfindig zu machen.

Im Jahr 1789 erreichte Alexander Mackenzie als erster Weißer das Gebiet der Kutschin-Indianer. In den folgenden Jahren eröffnete die Kanadische »Northwest Company« den ersten Handelsposten am Mackenzie River. Im Jahr 1926 entdeckte John Franklin den Peel River. Das Interesse der Hudsons Bay Company, neue, noch unerschlossene Gebiete für den Pelzhandel zu erschließen, war riesig: Nachdem die Pioniere Dease und Simpson im Jahr 1939 von ihrer Entdeckungsreise

Trekk
marine
Mary

aus dem Mackenzie Delta zurückgekehrten und vom Peel River als reiches Pelzland berichteten, machte sich schon im folgenden Sommer eine Expedition der Hudsons Bay Company in dieses Gebiet auf. Diese Expedition hatte sich vorgenommen, mit ihren Booten so weit den Peel River hoch zu fahren, bis sie auf die ersten Menschen treffen würden. Hundertsiebzig Kilometer von der Mündung, beim traditionellen »Fish Trap Hole« entdeckten sie die Peel-River-Kutschin-Indianer. Nur ein Jahr später wurde am unteren Peel River, etwa fünfzig Kilometer von der Mündung, eine Handelsstation mit dem Namen »Peel River House« eröffnet. Zehn Jahre später wurde die Handelsstation wegen Hochwassers sechs Kilometer weiter flussabwärts verschoben, wo das heutige Fort McPherson steht.

In den ersten zwanzig Jahren hatten nur wenige Tetlit-Kutschin Kontakt mit dem Handelsposten. Dafür gab es verschiedene Gründe: Die Station war zu weit von den Winterjagdgebieten der Indianer entfernt, im Sommer blieb ebenfalls nicht viel Zeit für Reisen, und zudem lag der Posten im gefährlichen Grenzgebiet zu den Eskimos. Darüber hinaus war es beinahe unmöglich, Fort McPherson vor dem Auftauen der Flüsse zu erreichen, da zu dieser Zeit noch keine Hundeschlitten im Einsatz waren.

Bis zum Ende des neunzehnten Jahrhunderts wurde das Fort von den Peel-River-Kutschin wenig und wenn, dann ausschließlich mit Fleisch, nicht aber mit Pelzen beliefert. Der Aufenthalt in Fort McPherson beschränkte sich in jedem Fall auf einige wenige Sommertage im Jahr. Erst zwischen den Jahren 1860 und 1898 änderte sich das Leben der Kutschin allmählich. Die Besuche in Fort McPherson erfolgten immer regelmäßiger, und die gegen Pelze eingetauschten Güter und Lebensmittel wurden immer wichtiger. Im Verlauf der Jahre siedelten sich die meisten Familien nicht mehr am Fish Trap Hole an, sondern verbrachten einen Teil des Sommers in Fort McPherson. Zu dieser Zeit kamen auch die Hundeschlittenteams auf, mit denen das Bewältigen von Distanzen einfacher wurde. Allerdings musste jede Familie mindestens dreitausend Fische fangen, damit die Hunde im Winter durchgefüttert werden konnten. Der Großteil der Familien zog aber noch immer den Peel River hoch und verbrachte die Winter mit Jagen.

Die licht bewaldeten Berggebiete waren voll mit Mardern, die einen guten Preis auf

dem Pelzmarkt erzielten. Immer mehr Familien änderten ihren Lebensstil, sodass sie mehr und mehr vom Handel abhängig wurden. Da die Familien nun im Frühling nicht nur zusätzlich Hunde und Hundefutter, sondern auch die erbeuteten Felle den Peel hinunter transportieren mussten, wurden die traditionellen Kanus schnell zu klein. Damals bauten die Kutschin aus vierzehn bis zwanzig Elchhäuten große, acht bis vierzehn Meter lange Boote, in denen mehrere Familien samt Gepäck Platz fanden. Wenn heute von den alten Zeiten erzählt wird, dann ist meist diese Zeit gemeint.

Viele Indianer haben vergessen, dass die Hunde, die Elchboote und das Fallenstellen eigentlich wegen des Handels mit den Weißen notwendig wurden und nichts mit ihrem ursprünglichen Leben tun hatte.

Ab dem Jahr 1900 hatte sich Fort McPherson als Sommertreffpunkt und Handelsstation etabliert. Die ersten Missionare ließen sich nieder, um die Kutschin zum Christentum zu bekehren.

Ein weiterer großer Wendepunkt im Leben der Indianer war die Zeit um den Ersten Weltkrieg. Bis dahin galt ein Biberfell als Einheitspreis im Pelzhandel. Zwei Marder entsprachen einem Biber. Ein Fuchs hatte den gleichen Wert wie ein Biber. Da die Biber in den Mackenzie Flats aber nicht so zahlreich, sondern mehr in den Seen und Flussläufen der mit Eschen und Pappeln bewaldeten Berge zu Hause sind, hatte sich am eigentlichen Jahresrhythmus der Kutschin noch nicht allzu viel geändert. Vor dem Zufrieren der Flüsse zog man noch immer hinauf in die Berge, wo man den Winter mit Jagen und Trappen verbrachte, und im Frühsommer kehrte man mit Booten zurück zum Peel River, um die Felle einzutauschen und um zu angeln.

Bis zu diesem Zeitpunkt hatte die in den Mackenzie Flats ansässige Bisamratte den Wert eines Zwölftels eines Bibers auf dem Pelzmarkt und war die Arbeit nicht wert. Dies änderte sich aber ab dem Jahr 1914. Der Preis für ein Bisamrattenfell stieg von vierzig Cents bis auf einen Dollar im Jahr 1918. Im Jahr 1920 erreichte er die Höchstmarke von einen Dollar zwanzig und ging in den kommenden zehn Jahren nur langsam zurück. Da Bisamratten ausschließlich von März bis Mai gejagt wurden, kam der Jahresrhythmus der Kutschin beträchtlich ins Wanken. Weil man nun statt im Juni schon im März im Delta sein musste, zogen die meisten Familien im Winter nicht mehr so weit den Peel River hinauf in die Berge und kehrten schon im Februar oder März auf dem Eis zurück ins Delta. So kam es dann auch, dass im Sommer 1923 das letzte Elchlederboot in Fort McPherson einlief. Bald wurde der Verkauf von Bisamrattenfellen und auch der Verzehr des Fleisches zu einer wichtigen neuen Lebensgrundlage für die Peel-River-Kutschin. In diesen Jahren wurden aus den Lagerhäusen in Fort McPherson bis zu zweihundertfünfzigtausend Bisamrattenfelle pro Saison verschifft.

Bereits im Jahr 1925 verbrachten die meisten Kutschin die Weihnachtstage in Fort McPherson. Die Zahl der Tage, die eine Familie in den Bergen beim Jagen verbrachte, hatte sich auf die Hälfte reduziert. In den kommenden Jahren spielte das Fallenstellen weiterhin eine zentrale Rolle im Leben der Indianer. Obwohl der Preis für eine Bisamratte im Jahr 1939 auf die Rekordmarke von viereinhalb Dollar stieg und nur langsam sank, hatte der Boom längst seinen Höhepunkt überschritten.

Die Zahl der Ratten war stark zurückgegangen, und die Indianer mussten sich eine neue Einkommensquelle suchen. Der Pelzmarkt bot auch schon bald eine neue Lücke. Der Preis für ein Marderfell kletterte bis zum Jahr 1939 auf siebzig Dollar. Im Jahr 1945 stand er gar auf hundertvierzig Dollar und blieb in den kommenden Jahren immer höher als hundert Dollar.

Da die Marder in den lichten Bergwäldern zu Hause sind, verbrachten ab dem Jahr 1945 wieder viele Familien den ganzen Winter in den Bergen. Kaum waren die Flüsse gefroren, zogen die meisten mit ihren Hundeteams hinauf zu den Flüssen Snake, Bonnet Plume, Wind oder Hart und kehrten erst kurz vor dem Auftauen zurück nach Fort McPherson.

Dies war auch die Jugendzeit, an die sich meine Freunde Robert Alexie und William Teya erinnerten, die ich im Spätsommer und Herbst beim Jagen und Fischen und im Winter beim Trappen begleitet hatte. William Teya wuchs damals in Fort McPherson auf. Seinen leiblichen Vater, einen Slave-Indianer hatte er nicht gekannt, und sein Stiefvater war ihm so ein schlechter Vater gewesen, dass er bei seinem Großvater aufwuchs. Als auch der starb, wurde William vom

Alice Vittrekwa schneidet Karibufleisch in dünne Streifen, die danach zum Trocknen aufgehängt werden.

Großvater mütterlicherseits aufgenommen, musste aber schnell lernen, die Verantwortung für sich selbst zu übernehmen. Im Jahr 1956 heiratete er Mary Charly, die aus einer angesehenen Familie stammte. Mary war im Gegensatz zu William in den Jahren 1947 bis 1953 in Aklavik zur Schule gegangen. Sie erinnert sich noch heute an diese schlimme Zeit, als sie plötzlich aus der Familie gerissen wurde und in die von Missionaren geführte Residencial School gesteckt wurde. Die Schule war streng, und den Kindern wurde verboten, in ihrer

Das Trockenfleisch ist ein gutes Nahrungsmittel auf langen Jagdausflügen, da es leicht und unverderblich ist.

Muttersprache zu sprechen. In vielen Schulen kam es damals zu gewalttätigen und sexuellen Übergriffen der Lehrer auf die Schüler. Marys fünfzehnköpfige Familie wurde in dieser Zeit durch eine Grippeepidemie auf drei Familienmitglieder dezimiert. Im Gegensatz zu vielen anderen Schulkindern durfte sie in den Sommerferien zurück zu ihrer Familie. Ihrer Tante, die in Hay River zur Schule gegangen war, war dies acht Jahre lang verwehrt gewesen.

Nach der Heirat lebten William und Mary vom Fallenstellen und Jagen. Ihre Tochter Annie und ihr Adoptivsohn waren immer mit von der Partie. Die ersten Jahre lebte die Familie im Delta und später, bis 1967, am Road River. Ab 1967 hatte Mary eine Anstellung im Spital von Fort McPherson. William verbrachte die Wintermonate noch immer draußen auf dem Land beim Fallenstellen. Als der erste Ölboom übers Delta kam, hatte William vier Jahre lang eine Anstellung in Inuvik. Danach arbeitete er sieben Jahre als Gemeindeangestellter. Mit achtzehn Jahren nahm sich sein Adoptivsohn das Leben. Das belastete William so sehr, dass er Fort McPherson auf der Stelle verließ und sich wieder zurück in die Wildnis, zu seiner Hütte am Road River verzog. Dort lebte er zwei Jahre lang wieder so, wie seine Vorfahren schon gelebt hatten. Erst als er die schlimmste Trauer überwunden hatte, kehrte er zurück nach Fort McPherson, wo er erneut bei der Gemeinde einen Job bekam, bis er vor vier Jahren schließlich pensioniert wurde.

So hart wie Williams Leben waren die meisten der Kutschin-Indianer seines Jahrgangs. Viele seiner Freunde sind am Alkohol zu Grunde gegangen oder haben sich das Leben genommen. Die Selbstmordrate in Fort McPherson ist erschreckend hoch und der Alkoholismus allgegenwärtig. William wie auch mein Freund Robert Alexie haben schlimme Jahre hinter sich, als auch sie der Alkohol fast vernichtet hätte. Heute leben die beiden ganz ohne Alkohol. Sie versuchen, der Jugend ein gutes Vorbild zu sein und besinnen sich zurück auf die alten Werte. Doch das Bild, das sich ihnen zeigt ist vernichtend: Der Großteil der Jungen ist vollkommen dem Alkohol verfallen und zeigt absolut kein Interesse für ihr großes Land. Die meisten leben von der Wohlfahrt, was angesichts des in Kanada praktizierten Systems auch nicht verwundert: Findet ein Indianer etwa Arbeit, muss er gleich eine hohe Miete für seine Wohnung zahlen, die vorher vom Staat übernommen wurde. So sind in den meisten Fällen die Sozialleistungen höher, als als das, was ein Indianer mit Arbeit verdienen kann. Kein Wunder also, dass das Interesse, einen Job anzunehmen nicht sehr groß ist. Es ist aber auch kein Wunder, dass der Alkoholismus und die Selbstmordrate so hoch ist, denn wer lebt schon gern von der Wohlfahrt.

Mein Freund Robert Alexie mit dem Motorboot unterwegs auf dem Peel River.

30

Mit Indianern beim Jagen

Trotz all dieser Probleme gibt es immer noch eine Handvoll Tetlit-Kutschin, die in erster Linie von dem leben, was ihr Land ihnen gibt. Vor allem ältere Indianer bauen noch heute ihre weißen Baumwollzelte am Ufer des Peel Rivers auf. In den Monaten Juli und August setzen sie ihre Netze in den großen Kehrwassern des Peel Rivers und fangen Weißfische und Inconnu. Diese werden gleich nach dem Fang fein säuberlich filetiert. Die Filets bleiben auf der Haut des Fisches und werden mit dieser luftgetrocknet. Damit die oft großen Fische gut trocknen, werden die Filets in einem Abstand von einem Zentimeter bis auf die Haut eingeschnitten. Dann werden die Fische unter eine Plane oder in eine offene Hütte gehängt, in der ein kleines Feuer lodert, um die Mücken und Fliegen fern zu halten. Die trockenen Dreiecke, die nun von der Fischhaut abstehen, sehen aus wie eine Toblerone. Sie sind zwar nicht süß, aber sie munden, mit etwas Salz eingenommen, genauso fein. Die Überreste des Fisches wie Gräten, Flossen und Kopf wurden früher ebenfalls getrocknet und als Hundefutter und Köder für die Fallen gebraucht.

Woody und Robert halten Ausschau nach Elchen entlang des Flussufers. Linke Seite: Moody Wilson, der Chief der »Tetlit-Gwitchin-First-Nation« bei der traditionellen Jagd auf die Porcupine-Karibuherde.

Ab Mitte September ist die Zeit zum Jagen. Die Elchbullen werden brünftig und kommen auf der Suche nach Elchkühen zu den Flussläufen. Während dieser Zeit können die Elche einfach mit dem Imitieren ihres Brunftrufes aus dem Wald gelockt werden.

Mitte September hatte ich das Glück, die beiden Kutschin-Indianer Woody und Robert Alexie auf einem Jagdausflug entlang des Peel Rivers begleiten zu dürfen. Am frühen Nachmittag beluden wir Roberts selbstgebautes Langboot und starteten bei stürmischem Nordwind. Unser Ziel war seine hundertzwanzig Kilometer entfernt gelegene Hütte in der Nähe des Trail Rivers – genau in jener Gegend, wo sich noch vor zwei Generationen die Indianer zu ihren Sommerfestlichkeiten trafen.

Nach einer sechsstündigen Fahrt erreichten wir halb durchfroren die Hütte. An diesem Platz hatten er und seine Vorfahren immer die Sommermonate zum Fischfang verbracht. Viele Winter setzte Robert entweder hier oder am Hungry Lake, zwischen Wind- und Hard River, die Fallen. Die kleine Hütte war praktisch eingerichtet, und nachdem der Ofen eingeheizt war, wurde es schnell gemütlich.

Seit jeher das Hauptnahrungsmittel der Kutschin-Indianer: Eine Herde Karibus durchschwimmt im Morgengrauen den Porcupine River.

Woody hatte sich gleich als Koch betätigt, und nach kurzer Zeit stand eine köstliche Fleischsuppe auf dem Tisch.

Am frühen Morgen starteten wir den Außenbordmotor und fuhren weiter den Peel River hoch. An jeder Stelle, wo die Indianer Spuren von Elchen sahen, wurde ausgestiegen, die Spuren genauestens untersucht, und es ertönten einige Lockrufe aus dem mitgebrachten Trichter.

Im Verlauf des Tages arbeiten wir uns langsam bis zur Einmündung des Snake Rivers hoch. Wir stießen auf viele Spuren, aber Elche sahen wir bis dahin noch keine. Woody und Robert hatten wie üblich kaum Lebensmittel auf den Trip mitgenommen, da sie ja davon ausgegangen waren, frisches Elchfleisch zu essen. Kurz vor dem Dunkelwerden schoss Woody einen Biber, den er, während Robert und ich das Baumwollzelt aufstellten, zubereitete. Er brannte dem Biber, ohne ihn ausgenommen zu haben, systematisch den Pelz weg, und nachdem sämtliche Haare verbrannt und mit einem Messer abgeschabt waren (was einen fürchterlichen Gestank ergab), wurde das Tier in Stücke geschnitten und mit der Haut für zwei Stunden im Salzwasser gekocht. Danach war die – jedenfalls für meine Nase: stinkende – Brühe fertig. Als ich meinen Ekel endlich überwunden hatte, musste ich allerdings zugeben, dass das Fleisch ganz hervorragend schmeckte. Über Nacht wurde der stinkende Topf dann genau neben meinen Kopf gestellt, damit ich mich etwas an den seltsamen Geschmack gewöhnen konnte. Den nächsten Tag verbrachten wir weiterhin damit, nach Elchen zu rufen.

Wir hatten die Hoffnung schon aufgegeben, als ich Woody plötzlich hinter mir im Boot rufen hörte: »Elch! Halt deinen Kopf runter.« Noch bevor ich begriff, was geschehen war, hatte Woody auch schon zur Winchester gegriffen, und die Kugeln flogen über meinen Kopf. Augenblicke später war der Spuk auch schon wieder vorbei, und der Elch lag tot am Boden.

Nun wurde ein Feuer entfacht. Wir sammelten haufenweise Zweige, die wir auf den sandigen Boden legten, damit das Fleisch nicht schmutzig wurde. Schon eine Stunde später war der Elch enthäutet, ausgenommen und in Stücke zerlegt. Nach einem kurzen Festschmaus wurde der gesamte Elch mit Eingeweiden, Schädel und Hufen ins Boot verladen, und wir fuhren zurück zur Hütte am Trail River.

Ein Gemisch aus Regen und Schnee machte die Rückfahrt allerdings fast unerträglich. Völlig durchfroren und zu Tode erschöpft erreichten wir kurz vor Einbruch der Dunkelheit die Hütte. Zurück im Dorf wurde der Elch nicht wie früher üblich getrocknet, sondern er wanderte in die Tiefkühltruhe von Woodys und Roberts Familie.

Wichtigstes Nahrungsmittel ist aber seit jeher nicht der Elch, sondern das Karibu. Auch heute steht bei vielen Kutschin-Indianern noch täglich Karibufleisch auf dem Tisch. Das gilt auch für Robert Alexie, den ich den ganzen Monat September über beim Jagen begleiten durfte. Er erklärte mir, wie wichtig die hundertvierzigtausend Köpfe zählende Porcupine-Karibuherde für seine Familie immer war und auch heute noch ist. Diese Herde bildet seit Generationen die Existenzgrundlage der Tetlit-Kutschin. Die Karibuherde wandert in einem immer gleichen Zyklus von Alaska nach Kanada. Im Frühjahr bringen die Karibukühe ihre Jungen am Fuß der Brooks Range, im Arctic National Wildlife Refuge, zur Welt. Den Sommer über wandern die Tiere die British Mountains entlang Richtung in Porcupine River. Im Herbst setzen sie dann über den Fluss und wandern in Richtung Richardson - und Ogilvie Mountains. Hier warten seit Generationen die Peel-River-Kutschin auf die Herde. Früher war das Aufspüren der Hauptherde ein schwieriges Unterfangen. Heute ist dies nicht mehr so schwierig. Einige der Karibus haben zu Forschungszwecken Halsbänder mit Sendern: Der Aufenthalt dieser Tiere kann bequem im Internet abgerufen werden. Zudem führt heute der Dempster Highway entlang der Ogilvie- und Richardson Mountains. Werden Karibus entlang der Straße gesehen, dann ist es den Indianern von Fort McPherson heute möglich, diese Tiere mit dem Wagen in zwei bis drei Stunden zu erreichen.

Den Winter verbringt die Porcupine-Herde im Oberlauf des Peel Rivers, auf der Ostseite der Richardson Mountains, in den Blackstone Uplands oder in den Ogilvie Mountains. Im März wandern die Tiere dann zurück in die Arctic National Wildlive Refuge in Alaska, um ihre Jungen zur Welt zu bringen. Genau dieses Gebiet ist seit der Wahl von George Bush

William Teya bei der Jagd entlang des Peel Rivers.

in großer Gefahr, denn der seit dem Januar 2001 amtierende Präsident aus Texas unterstützt die Ölförderung in diesem Reservat. Die Kutschin-Indianer auf beiden Seiten der Grenze kämpfen mit Umweltorganisationen gegen diese Projekte. Sollte sich die Habgier der Menschen einmal mehr durchsetzen und in dem Arctic National Wildlife Refuge tatsächlich einmal Öl und Gas gefördert werden, dann würde sich dies äußerst negativ auf den Fortbestand der Porcupine Karibuherde auswirken.

Nach einem Jagdausflug zum Horn Lake, wo ich Robert, Moody und Clifford begleiten durfte, wir aber nicht ein einziges Karibu zu Gesicht bekamen, hatte ich Ende September mehr Glück. Die Nachricht, dass die Karibuherde entlang des Dempster Highways gesichtet wurde, breitete sich in Fort McPherson wie ein Lauffeuer aus. Schon eine Stunde später saß ich in meinem Wagen und fuhr noch während der Nacht zu besagter Stelle. Dort übernachtete ich, und als ich am nächsten Morgen erwachte, traute ich meinen Augen kaum: Die ganze Tundra war mit Punkten übersät. Tausende von Karibus zogen langsam vom östlichen Horizont an mir vorbei und verschwanden am westlichen Horizont wieder. Ein unvorstellbares Meer von Tieren, das endlos neue Tiere nach sich zog. Ich war überwältigt und hatte gerade drei Stunden Zeit zum Fotografieren, als die ersten Jäger aus Fort McPherson eintrafen – unter ihnen auch Robert Alexie mit seinem Enkel Troy und mein Freund Clifford Vaneltsie.

Clifford lud den mitgebrachten Motorschlitten vom Lastwagen, und wir fuhren auf der frisch verschneiten Tundra näher an die Herde heran. Danach fielen zehn Schüsse, und dreißig Minuten später lagen zehn kapitale Bullen im Schnee. Kaum zu glauben: Clifford hatte nicht ein Tier verfehlt oder angeschossen. Er hatte aus-

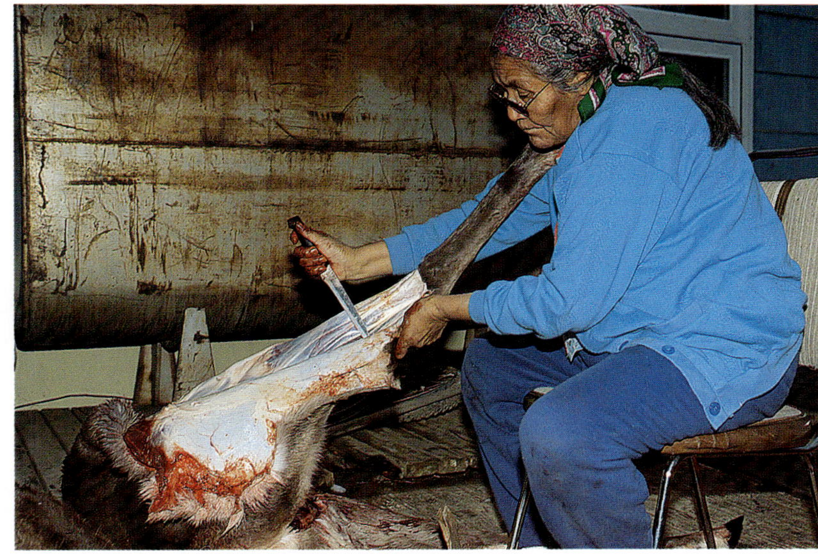

nehmlich gute Bullen geschossen, die er nun in Windeseile verarbeitete.

Während ich fotografierte, zerlegte er die Tiere notdürftig, nahm sie aus und schleppte sie mit Hilfe seines Motorschlittens zurück zur Straße. Dort half ich ihm, sämtliche Tiere auf die Ladefläche des Lastwagens zu packen. Zum Schluss wurde der Motorschlitten auf die gesamte Ladung gepackt, und Clifford war auf dem Weg zurück ins Dorf.

Die ganze Aktion hatte weniger als vier Stunden gedauert. Clifford, einer der wenigen jungen Indianer im Dorf, der noch viel Wert auf Tradition legt, behielt nur einen Teil der geschossenen Beute für sich. Der Großteil war für Verwandte und alte Leute im Dorf bestimmt, denen es nicht mehr möglich ist zu jagen, die aber froh um eine Extraration Karibufleisch sind. Auch Robert und sein Enkel Troy hatten drei Karibus erlegt, und Roberts Frau Dorothy machte sich sogleich daran, das Fleisch fein säuberlich zu zerlegen. Die besten Stücke wurden in dünne Streifen geschnitten und an der Wäscheleine zum Trocknen aufgehängt. Nach einigen Tage war das Fleisch völlig ausgetrocknet und hart. Nun legte Dorothy die Fleischstücke auf einen runden Stein und schlug sie mit einem Hammer so flach, bis sie nur noch Fasern waren. Diese Fasern wurden nun noch einmal zum Trocknen ausgelegt und danach in Säcke abgefüllt.

Das auf diese Weise entstandene Trockenfleisch ist extrem leicht und eignet sich bestens als Proviant auf ausgedehnten Jagdausflügen. In Wasser eingeweicht, kann mit diesem Fleisch auch gekocht werden. Zu Staub und feinen Fasern verarbeitet und dann mit Beeren vermischt, ist dieses Trockenfleisch darüber hinaus im Norden auch unter dem Namen Pemikan bekannt.

Ein Teil der 140 000 Köpfe zählenden Porcupine-Karibuherde auf ihrer Wanderung ins Winterquartier.

Eisfischen und Trappen

Mit Hilfe einer Astgabel schiebt William eine lange Holzstange unter dem Eis bis zum nächsten Eisloch, damit er später das Netz unter dem Eis verspannen kann. Linke Seite: William Teya lebt noch wie seine Ahnen vom Trappen, Jagen und Fischen.

Ende September begleitete ich William Teya zu seiner Hütte am Road River, neunzig Kilometer von Fort McPherson entfernt. William wollte am Road River dessen Zufrieren abwarten und erst Ende Oktobe, mit dem Motorschlitten wieder ins Dorf zurückfahren. Nachdem wir die Hütte erreicht hatten, erlaubte uns der Fluss gerade noch drei Tage, die Netze zu setzen, dann verhinderten dies die ersten Eisschollen. Bis der Peel River gefroren war, brachten wir die Trapline wieder auf Vordermann. Das bedeutete, mit Schneeschuhen, Machete und Axt bewaffnet den mit Büschen und Jungholz verwachsenen Trail auszuholzen. Zudem mussten wir da, wo der Weg anstieg, den Schnee mit den Scheeschuhen komprimieren, um ihn später mit dem Schneemobil befahren zu können. Beinahe täglich waren wir draußen am Arbeiten, Mitte Oktober hatten wir schon eine zwanzig Kilometer lange gut ausgeholzte Spur angelegt. Am zwölften Oktober war der Peel dann über Nacht dick gefroren, und wir konnten die Netze wieder setzen: William suchte ein großes Kehrwasser mit gleichmäßigem Eis, um dort ein Lock zu hacken. Vorher fällten wir einen fünf Meter langen dünnen Baum, und William bereitete zwei dicke Äste mit Gabelung und zwei weitere mit Hacken vor. Jetzt machten wir alle fünf Meter ein weiteres Loch ins Eis, bis wir die Länge des ausgelegten Netzes erreicht hatten. Der fünf Meter lange dünne Baum, an dessen Ende William ein Seil befestigt hatte, wurde unters Eis geschoben. Mithilfe der vorbereiteten Hacken und Gabeln schoben wir die Holzstange, die vom Wasser an die Eisfläche gedrückt wurde, von einem Loch zum nächsten. Beim letzten Loch zogen wir die Stange wieder aufs Eis. Jetzt hatten wir ein Seil, das vom ersten bis zum letzten Loch gespannt war. An dieses knöpften wir das Netz und zogen es unter dem Eis durch. Seine beiden Enden wurden mit Hilfe der Astgabeln und Hacken etwa einen Meter unter dem Eis gespannt. Am nächsten Tag hackten wir das erste und letzte Loch wieder auf, befestigten das Seil am Netz und zogen das Netz aufs Eis: voller Fische.

Da die Weißfische und Inconnu zu dieser Jahreszeit zurück ins Meer schwimmen, hatten wir nicht jeden Tag den gleichen Erfolg. William erzählte mir, dass die

William Teya hackt ein Loch ins Eis, um seine Netzte zu setzen.

Fische in Schüben wandern: zuerst die Weibchen, dann die Männchen. An manchen Tagen zappelten nur einige wenige Fische im Netz, an anderen Tagen fingen wir bis zu neunzig. Da die Temperaturen nun immer um die minus zwanzig Grad betrugen, gefroren die Fische sobald wir sie aus dem Wasser zogen. Bei der Hütte wurden sie aufgestapelt, und jedesmal, wenn wir mit dem Motorschlitten ins Dorf fuhren, nahmen wir eine Schlittenladung mit, um dort einen Großteil der Fische zu verschenken. Nachdem wir die Fische aus den Netzen befreit hatten, zogen wir das Netz, das wir jeden zweiten Tag kontrollierten, am Seil zurück unter das Eis. Anfang November hatte es zum ersten Mal minus vierzig Grad. Da machte das Fischen keinen Spaß mehr. Wir zogen die Netze an Land, säuberten und trockneten sie, verstauten sie vor Tieren sicher im Speicher.

In den letzten Tagen hatte William die »Conibear-Fallen« zum Setzen vorbereitet. Im Gegensatz zu den alten Fußfallen, in denen ein gefangenes Tier tagelang leidet, funktioniert diese Falle immer gleich und ist so stark, dass die Tiere auf der Stelle erschlagen werden – die Conibear-Fallen schnappen nicht auf die Füße der Tiere, sondern auf den Kopf oder das Genick.

William hatte zweiundfünfzig Fallen in der Hütte mit Fischködern bestückt. Am nächsten Morgen, bevor es hell wurde, verluden wir Zelt, Ofen und Proviant für einige Tage auf dem Motorschlitten. Noch im Dunkeln fuhren wir los. Auf den kommenden zwanzig Kilometern verlegten wir die ersten siebenundzwanzig Fallen. Der Arbeitsablauf war immer gleich: William suchte sich einen geeigneten Platz, meist einen Ort, wo er Marderspuren im Schnee gesehen hatte, dann fällte er mit der Axt eine kleine Fichte und entastete sie. Daraufhin wurde die Falle in einem Winkel von fünfundvierzig Grad in die Astgabel eines Baumes gesteckt und am Boden fest im Schnee verankert. Zum Schluss spannte William die Falle und steckte sie auf die entastete Fichte. Dabei befestigte er sie in einem ganz leichten Winkel, damit der Marder nur von einer Seite zubeißen können und die Falle korrekt auslösen würde.

Am Ende des Trails, inzwischen war es später Nachmittag geworden und schnei-

Hier befreit er einen Weißfisch aus dem Netz.

te, stellten wir Williams Zelt auf. Zuerst schaufelten wir den Platz vom Schnee frei. Danach füllten wir die Grube mit Reisig und bauten darüber das Baumwollzelt auf. Während William den Ofen installierte, machte ich mit der Motorsäge genügend Feuerholz, damit wir in der Nacht nicht frieren würden. Nachdem wir im Schein der Benzinlampe gekocht und gegessen hatten, legten wir uns in unsere Schlafsäcke und dösten. Dreimal musste ich in der Nacht Holz nachlegen, damit die Temperaturen im Zelt nicht unter den Gefrierpunkt sanken – draußen stand das Thermometer auf minus zweiunddreißig Grad –, ehe wir am darauf folgenden Tag wir die Spur in zwei Richtungen vom Zelt ausgehend weiter führten und hier die restlichen fünfundzwanzig Fallen aufstellten. Kurz vor der Dunkelheit waren wir dann zurück im Zelt, wo wir eine weitere Nacht verbrachten.

Am nächsten Tag ging es zurück zur Hütte, und auf dem Heimweg konnten wir schon drei Marder aus den Fallen nehmen. Zu meinem Erstaunen waren alle genau auf die gleiche Weise getötet worden: Die Tiere waren über den Baum hi-

Bei Temperaturen tief unter dem Gefrierpunkt ist das Arbeiten in der Nässe sehr unangenehm.

nauf zur Falle geklettert (dem einzig möglichen Weg) und hatten mit den Zähnen versucht, den Köder zu packen. In diesem Moment hatte die Falle zugeschnappt und ihnen den Schädel zertrümmert. Die Tiere waren auf der Stelle tot gewesen – das bestätigte der unbeschädigte Köder.

Nach drei Tagen kontrollierten wir die Trapline erneut. Im Dunkeln brachen wir auf. Bis wir am Zelt waren, hatten wir schon fünfzehn Marder gefangen. Im Zelt machte William Feuer und kochte, während ich mit dem Motorschlitten den Rest der Trapline abfuhr und die verbleibenden fünfundzwanzig Fallen kontrollierte. Zwei Stunden später war ich zurück beim Zelt – mit weiteren acht Mardern. Nach einer warmen Mahlzeit fuhren wir zurück zur Hütte, und die nächsten beiden Tage war William damit beschäftigt, den Mardern fein säuberlich die Pelze abzuziehen, sie auf ein Brett zu stecken und zu trocknen. Drei Tage später machten wir eine weitere Kontrolltour: Achtzehn weitere Marder fanden wir diesmal in den Fallen. Und nach zwei Wochen, es war schon Ende November geworden, hatten wir bereits über sechzig Marder.

Wir übernachteten und verlegten dann einen Teil der Fallen auf eine neu angelegte Trapline. William erklärte mir, dass es früher nicht möglich war, jedes Jahr im gleichen Gebiet zu trappen, weil es fast keine Marder mehr gab. Doch heute, wo

nur noch er, Robert Alexie und Robert Frances für einige Wochen im Jahr trappten, würden die Tiere immer wieder nachziehen. Zudem liege die Trapline von Robert dreihundert Kilometer weiter südwestlich und alle drei trappten nur bis Weihnachten.

Nach dieser letzten Aktion fuhren wir über den gefrorenen Peel River zurück nach Fort McPherson. William bekam für die ersten sechzig Felle pro Stück zweiundsechzig Dollar und war glücklich damit. Früher hatte er mehr als zweihundert bekommen, doch der Preis war vor nicht allzulanger Zeit auf bis zu dreißig Dollar gesunken, so dass ihm der nun gebotene Preis wieder richtig hoch vorkam. Bevor ich William verließ, erzählte er mir noch eine letzte beeindruckende Geschichte: »Im Dezember 1960 hatten Johnny Charli und ich die Idee, Weihnachten bei unseren Verwandten in Old Crow zu verbringen. Am vierten Dezember bepackten wir die Schlitten und spannten die Hunde vor. Mary, unsere drei Jahre alte Tochter, Johnny Charli, seine Frau und Tochter und ich waren bei stürmisch-kaltem Dezemberwetter siebzehn Tage lang unterwegs und erreichten pünktlich am einundzwanzigsten Dezember Old Crow. Dort verblieben wir für einige Tage, bevor wir uns wieder auf den langen Rückweg machten.« – Für mich ist das ist ein gutes Beispiel dafür, wie diese Menschen spontan ihren Träumen folgen und sich dabei von keinem Hindernis abschrecken lassen.

Rechte Seite: Sorgfältig setzt William eine »Conibear« Falle. Diese Fallen töten im Gegensatz zu den alten Fußfallen ein Tier mit einem Schlag.

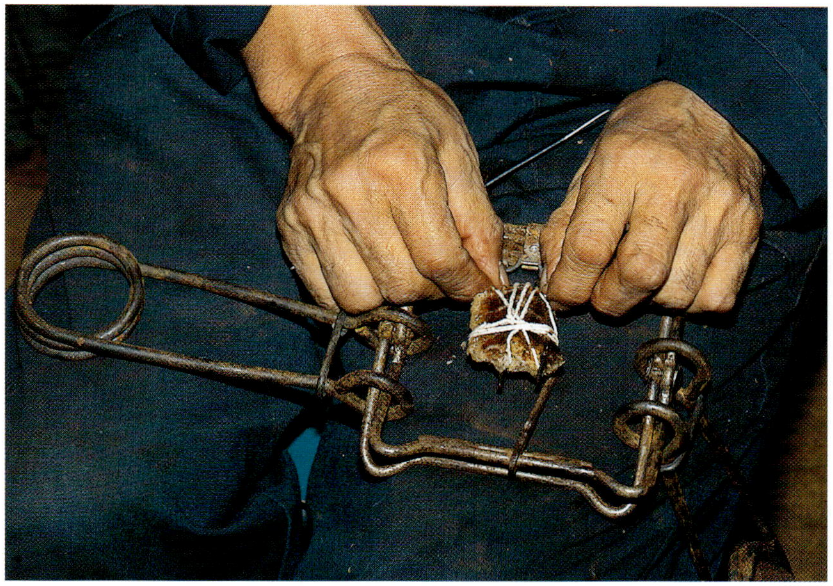

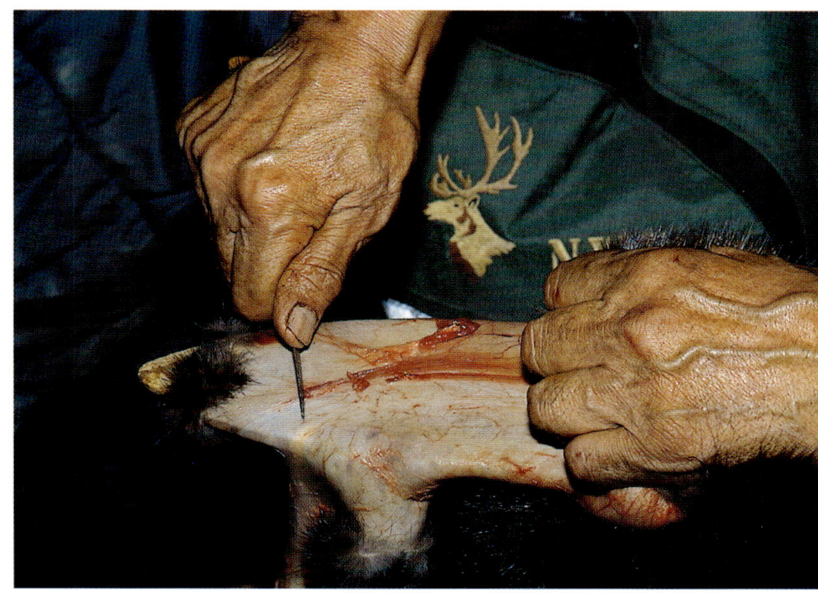

Die Falle wird mit dem Köder bestückt (oben links). Bei dichtem Schneefall und nur wenig Tageslicht setzt William eine Falle (oben rechts). Der alte Trapper weiß, was er macht. Zufrieden nimmt er den gefrorenen Marder aus der Falle (unten links). Zurück in der Hütte müssen die Tiere gehäutet, der Pelz aufgespannt und getrocknet werden (unten rechts). Linke Seite: Die Tage sind kurz. Dank Vollmond können wir aber auch in der Nacht arbeiten.

Auf alten Pfaden nach Dawson

Erschöpft vom mühsamen Gehen durch den Overflow befreit sich Toni von den vereisten Schneeschuhen. Rechts: Ein Hundeschlittentraum.

Eigentlich hatten Toni, Franz und ich die Idee gehabt, unsere Tour von Fort McPherson über Old Crow nach Alaska weiter zu führen. Doch das Schicksal wollte es anders, denn im Mai 1993 verunglückte Franz Six auf einer Skitour tödlich. Der Traum von einer Fortsetzung der Hundeschlittenexpedition mit demselben Team war ausgeträumt, und für einige Jahre verschwand die Idee dann auch aus unseren Köpfen.

Als ich Romano von William Teya, Johnny Charlie und ihrer weihnächtlichen Tour nach Old Crow erzählte, flackerten seine Augen. Damit hatte ich ihm einen Floh ins Ohr gesetzt, und wenig später entstand daraus ein neues Projekt: Auf alten Indianerpfaden wollte er von Fort McPherson nach Old Crow, Fort Yukon und zuletzt Dawson gelangen.

Nach einigen Telefonaten hatte er Cyriak Steiner und Toni Stadler als Begleiter gewonnen, im November brachen sie auf. Neun Monate später war Romano zurück in der Schweiz und erzählte mir die folgende Geschichte: »Wie üblich hatten wir uns bei Terry Streeper in Fort Nelson Hunde besorgt und waren mit unserem alten Bus unterwegs nach Whitehorse. Dort trainierten wir die Hunde und bauten auch gleich die Schlitten selber. Anfang Januar war es dann soweit. Über den Dempster Highway erreichten wir Fort McPherson. Johnny Charlie hatte uns herzlich aufgenommen und gab uns auch die letzten Tipps mit auf die Reise. Am 21. Januar ging es dann los. Auf den ersten achtzig Kilometern bis zur Bear Creek Cabin fanden wir noch eine Motorschlittenspur vor und kamen gut voran. Doch danach wurden die Verhältnisse schlecht. Die nächsten fünf Wochen waren das Härteste, was wir je erlebt hatten.

Nach den Erzählungen der Indianer, die diese Strecke oft mit Familie in gut zwei Wochen zurückgelegt hatten, hatten wir sicherheitshalber für gut drei Wochen Proviant eingekauft. Aus uns unerklärlichen Gründen waren aber sowohl der Rat River als auch der Bell River, unsere natürlichen Wege, nicht richtig gefroren. Fast die gesamte Strecke war mit Overflow bedeckt. Das heißt: Zwischen dem Eis und der darüberliegenden Schneedecke hatte sich Wasser angesammelt, das wegen des gut isolierenden Schnees trotz Temperaturen von bis zu minus vierzig Grad nicht gefror. Beim Zufrieren der Flüsse im Ok-

tober und November war irgendetwas schief gelaufen. Wahrscheinlich hatte es, bevor die Flüsse richtig gefroren waren, viel Schnee auf die Eisdecke geknallt, die nun so stark isolierte, dass die Flüsse nicht massiv gefroren. Der schwere Schnee drückte jetzt so stark auf die relativ dünne Eisdecke, dass diese an manchen Stellen brach und Wasser zwischen Eis und Schnee gedrückt wurde.

Dieser Umstand wurde uns zum Verhängnis: Immer wieder mussten wir vom Fluss, der zwischen fünf und zwanzig Meter tief eingeschnitten war, hinauf in den Wald ausweichen. Dort gab es einen solchen Tiefschnee, dass wir uns kaum vom Fleck weg bewegen konnten. Unsere Tagesetappen waren, obwohl wir uns bis zum Rande unserer Kräfte verausgabten, auf fünf bis acht Kilometer gesunken, und keine Besserung war in Sicht. Stürme fegten übers Land, und die Tage waren noch immer sehr kurz. Bald zeigten sich die ersten Verschleißerscheinungen. Da wir andauernd mit unseren Mokassins ins Wasser trampten, waren unsere Schuhe oft nass und gefroren. Schon nach wenigen Tagen hatte ich die ersten Zehen angefroren. Riesige, unheimlich schmerzhafte Blasen bildeten sich, die nun aufplatzen. Bald hing nur noch schwarze Haut an den Zehen. Trotz starker Schmerzen mussten wir weiter, wenn wir nicht hier zu Grunde gehen wollten. Den Hunden erging es nicht besser: Auf keiner unserer bisherigen Touren hatten wir einen Hund verloren, aber auf diesem Horrortrip mussten wir bereits nach drei Wochen von zwei Hunden Abschied nehmen. Die Stimmung war dementsprechend miserabel.

Nach gut vier Wochen waren wir schon zwei Wochen länger auf dem Weg als geplant, und unser Proviant ging trotz Rationierung langsam zu Ende. Die Hunde wurden immer schwächer, und auch wir waren am Ende unserer Kräfte. Von

Eisiger Wind und klirrende Kälte auf dem Bell River nagen an unseren Kräften. Linke Seite: Aus einer Birke sägt Toni zwei Kufen für unsere Schlitten.

den insgesamt vierhundertzweiundachtzig Kilometern hatten wir aber erst gut dreihundert hinter uns gebracht. Es fehlten uns also noch mehr als hundertachtzig Kilometer. Lange würden es die Hunde nicht mehr mitmachen, das war uns klar. Doch nach vierunddreißig Tagen, am Ende unserer Kräfte, erreichten wir den Porcupine River. Plötzlich änderten sich die Verhältnisse schlagartig: Der Fluss war bestens gefroren, und hier gab es eine Trapperhütte, in der wir noch die Reste eines Karibus vorfanden, über die wir sogleich herfielen, um es unter die hungrigen Hunde zu verteilen. Eine Motorschlittenspur führte in Richtung Old Crow. Mit neuer Hoffnung und vollem Magen machten wir uns auf die verbleibenden hundertvierzig Kilometer bis nach Old Crow, das wir erschöpft und ohne jeglichen Proviant drei Tage später erreichten.

Die nächsten Tage war erst einmal Ruhe angesagt. Die Hunde wurden wieder richtig aufgefuttert und ihre verletzten Pfoten gepflegt. Auch wir schlugen uns die Mägen richtig voll und pflegten unsere erfrorenen Glieder.

Nach zehn Tagen waren wir wieder unterwegs. Die fünfhundert Kilometer auf dem gut gefrorenen Porcupine kamen uns nach den vergangenen Strapazen schon fast wie Ferien vor. Nach zwölf Tagen liefen wir mit bestens motivierten Hunden in Fort Yukon ein. Auch die Weiterfahrt den Yukon hoch in Richtung Dawson stellte uns vor keine großen Probleme: Obwohl es mittlerweile April geworden war und der Yukon Quest Trail, auf dem wir uns fortbewegten, zum Teil schon keinen Schnee mehr hatte, kamen wir gut voran. Auch auf dem Yukon, der oftmals sehr schlecht gefroren war, sodass wir Umwege um Spalten und Eisblöcke suchen mussten, konnte uns jetzt nicht mehr aufhalten. Nach achtzehn Tagen hatten wir auch diese letzten sechshundertvierzig Kilometer hinter uns gebracht. Als wir am achtzehnten März in der legendären Goldrauschstadt einfuhren, konnten wir einmal mehr verstehen, was die Abenteurer vor hundert Jahren auf sich genommen hatten um dieses Ziel zu erreichen. Einige waren auf unserer Route von Fort McPherson über Old Crow und Fort Yukon nach Dawson gekommen. Viele waren unterwegs an Skorbut und Erschöpfung gestorben. Nur wenige hatten es bis nach Dawson geschafft, aber auch hier war der Überlebenskampf für die Goldgräber noch lange nicht zu Ende gewesen. Für die meisten ging der Traum vom schnellen Reichtum nie in Erfüllung. Doch ich denke, am Ende blieb ihnen das gleiche wie uns: ein unbezahlbarer Schatz an Erlebnissen und Erfahrungen.«

Rechte Seite: Unsere Schlittenhunde Stick und Blue gönnen sich eine Pause. Die haben sie auch verdient, denn sie haben uns 1600 Kilometer durch die Wildnis gezogen.

Eisige minus vierzig Grad Celsius verhindern das Aufsteigen des Rauches in Old Crow, der nördlichsten Siedlung des Yukon Territoriums.

Mittagsstimmung im Janaur auf dem Peel River.

Reisetipps der Autoren

Wildnis Der Yukon ist für Mitteleuropäer ein unendlich großes Land. Anders als bei einem Trip in Europa ist man im Yukon fernab von jedlicher Zivilisation und bei einem Unfall auf sich selbst angewiesen. Sorgfältige Planung, richtiges Einschätzen der eigenen Erfahrung, der körperlichen wie psychischen Verfassung ist lebenswichtig. Wer das erste Mal eine Tour in diese Wildnis plant, sollte eine geführte Tour buchen. Tourveranstalter und Infos zum Yukon unter www.whitehorseinfo.com.

Beste Reisezeit Der Yukon hat zu jeder Jahreszeit seinen Reiz: Im Sommer beim Kanufahren auf einem einsamen Fluss, im Herbst mit dem Auto über den Dempster Higway, im Winter bei eisigen Temperaturen in einer wamen Blockhütte – oder im Frühling auf einer Hundeschlittentour durch verschneite Wälder. Im Herbst ist das Farbenspiel unbeschreiblich vielfältig. Für mich ist diese Jahreszeit, auch Indian Summer genannt, die schönste im Norden.

Tiere Bärenstories sind hier wohl das unerschöpflichste Lagerfeuergespräch. Kaum ein Einheimischer oder Tourist, der nicht etwas auf Lager hat. In Wirklichkeit sieht es allerdings nicht halb so spektakulär aus. Der Yukon ist sehr wildreich, aber auch weitläufig und die Tiere stehen nicht an jeder Ecke. Wer einen Bär oder sogar einen Wolf auf einem Trip in der Wildnis zu Gesicht bekommt, kann sich glücklich schätzen.

Impressum

Lektorat Robert Fischer
Bildredaktion Andreas Hutter, Romano Schenk

Produktion und Layout VerlagsService Dr. Helmut Neuberger & Karl Schaumann GmbH, Heimstetten

Alle Abbildungen von den Autoren
Kartografie Julia Reichle

Alle Angaben dieses Werkes wurden von den Autoren sorgfältig recherchiert und auf den aktuellen Stand gebracht sowie im Verlag auf Stimmigkeit geprüft. Für die Richtigkeit der Angaben kann jedoch keine Haftung übernommen werden. Für Hinweise und Anregungen sind wir jederzeit dankbar. Bitte richten Sie diese an den Bruckmann Verlag, Lektorat, Innsbrucker Ring 15, 81673 München.

Gedruckt auf chlorfrei gebleichtem Papier.

Die Deutsche Bibliothek – CIP-Einheitsaufnahme Ein Titeldatensatz für diese Publikation ist bei Der Deutschen Bibliothek erhältlich.

Gesamtverzeichnis gratis: Bruckmann Verlag, Postfach 80 02 40, 81602 München. Internet: www.bruckmann.de

Printed in Hungary
ISBN 3-7654-3728-X